Séjour
dans
l'Incommensurable

Séjour
dans
l'Incommensurable

DESTHEIN

Ouvrages Publiés par Desthein Teachings
url: http://www.desthein.com

Première publication 1991
Deuxième publication et révisée 2017
Troisième publication 2018

© 2014 tous droits réservés. Desthein Teachings

Dépôt Légal 2017
Librairie et Archive Canada

ISBN
978-1-9995396-0-3

Table of Contents

Introduction...1
Chapitre I..5
Chapitre II...6
Chapitre III..6
Chapitre IV..9
Chapitre V...10
Chapitre VI..14
Chapitre VII...20
Chapitre VIII..25
Chapitre IX..32
Chapitre X...37
Chapitre XI..42
Chapitre XII...47
Chapitre XIII..54
Chapitre XIV...60
Chapitre XV..64
Chapitre XVI...69
Chapitre XVII..75
Chapitre XVIII...83
Chapitre XIX...92
Chapitre XX..96
Chapitre XXI...100
Chapitre XXII..105
Chapitre XXIII...110
Chapitre XXIV...115
Chapitre XXV..120
Chapitre XXVI...125
Chapitre XXVII..130
Chapitre XXVIII...134
Chapitre XXIX...137
Chapitre XXX..146
Chapitre XXXI...153
Chapitre XXXII..160
Chapitre XXXIII...166
Chapitre XXXIV..173
Chapitre XXXV...180
Chapitre XXXVI..185

Introduction

Le sujet de ce livre traite de la métaphysique, mais *Séjour dans l'Incommensurable* n'a pas été écrit pour la personne avide de connaissances ou qui veut simplement lire sur ce sujet, mais pour la personne qui peut mettre en pratique le savoir qui lui inspire un sens d'être profond et authentique.

Séjour dans l'Incommensurable est un outil d'investigation sur le chemin de la connaissance de soi. Ce livre n'est pas un supplément à la pratique de la méditation; mais une méditation en lui-même. Son but est de propulser le lecteur au-delà de l'aventure intellectuelle, au beau milieu de la cosmologie, en approfondissant le fonctionnement du mental et sur la nature de l'esprit… au-delà de la pensée et à l'intérieur de la vastitude de la révélation profonde ; l'expérience de l'ouverture à l'être réel et total.

Le véritable chercheur est assoiffé d'authentiques expériences parce que, à quelque niveau que ce soit, ce chercheur est conscient qu'il y a quelque chose de supérieure au monde de suffocation du moi, des concepts, du désir, de la peur et de la pensée. L'expérience de l'ouverture de l'esprit semble, d'une part, attirant et d'autre part, loin de la portée de la main.

En tant qu'êtres humains civilisés, nous sommes hautement spécialisés dans la manipulation de la matière et avons donc la tendance à vouloir s'approprier des choses… et le vide est au-delà de toute portée. De la même façon, on nous dit que la méditation va nous amener à l'éveil total de la conscience et nous approchons la méditation avec un esprit d'appropriation. De sorte que, dans la plupart des cas, cela ne fonctionne pas. Si nous pouvions juste nous retirer quelque peu et regarder ce que nous sommes en train de faire au lieu d'essayer de chercher à s'approprier de la liberté, nous serions libres.

La souffrance et la confusion que nous rencontrons en ce monde ont leurs racines dans l'ignorance. Une ignorance qui trouve son origine à partir d'une structure mentale qui renforce l'illusion d'un sens d'individualité séparée de la totalité de l'existence. La séparation de l'esprit de la conscience universelle – sa propre identité profonde, est le résultat d'une fausse et artificielle perception : le monde de la dualité.

Le "moi personnalisé" est la cristallisation de l'idée d'une identité séparée. Le "moi personnalisé" est un événement dramatique et traumatique que nous expérimentons dès la naissance. Ceci est rien d'autre qu'un changement radical de dimension. Il n'y a pas de zone grise ici ; soit que nous expérimentions une ouverture non-discriminatoire face au monde, en aucune façon séparée de la conscience universelle, ou l'un est sous le sort d'une conscience fragmentaire et séparée.

L'enfant passe à travers une période momentanée ; il vient et va entre deux dimensions. Comme l'enfant est aspiré dans le monde verbal de la communication, le "moi personnalisé" prend fortement racine. À travers ses continuels contacts avec les êtres individualisés, aussi soumis au conditionnement de la conscience collective, la conscience infantile est inondée par la mentalité dualiste. Une légère mémoire de la conscience universelle demeure mais s'enterre tranquillement et profondément.

La conscience séparée est infiltrée dans la conscience et installée sur son disque dure. L'un pourrait dire que l'esprit est programmé à tenir fermement à son sens d'existence séparée. Le but de ce livre est de persuader l'esprit à relâcher son emprise, à laisser aller le concept qu'il a de lui-même comme entité étrangère, de façon à ce qu'il puisse s'ouvrir à une conscience universelle, laquelle a toujours constitué sa véritable conscience.

C'est comme de persuader le bébé de laisser aller son jouet. Ça ne suffit pas de dire : ces concepts que tu as de toi-même te cause beaucoup de souffrance et devine quoi – ce n'est pas basé sur rien de réel. Cela n'est pas suffisant, même pas pour ceux qui peuvent reconnaître la véracité de tels énoncés. Ce n'est pas un simple défit que de démembrer l'édifice de l'égo. La psyché humaine est constituée de telle façon, que le conditionnement culturel ne s'enlève que très difficilement. C'est seulement par une approche bien adaptée que le bébé est persuadé de laisser aller son jouet.

Le lecteur aime avoir ses livres bien ordonnés et structurés. Ceci est une question de conditionnement. Toutes formes de livres de non-fiction que nous lisons sont méticuleusement ordonnés et structurés. Si un livre ne se conforme pas à ce standard, il est conçu comme déficient. Notre obsession avec toute structure sur une page est l'expression de notre mentalité structurée et rigide, laquelle est un produit de notre société imbriquée. Cette société moderne et civilisée est rigide, linéaire et compartimentée ; ses composantes sont interconnectées, mais en même temps isolées. Par ailleurs, la Nature comme telle est pliante, chaude, douce et circulaire à la fois. Ces éléments sont intrinsèquement intégrés et participent à un état constant d'interactions et de mouvements. Dans ce livre, ce qui apparaît être un manque de structure, est réellement juste une différente structure ; une qui se rapproche davantage de l'organisation de la nature ; ici, l'intégration succède à la compartimentation.

Les concepts majeurs constituant la fondation de ces enseignements, sont répétés encore et encore, quoi qu'à l'intérieur d'un contexte différent. Si cela offense le lecteur ou la lectrice face au sens propre du discours, une chose doit être gardée en esprit ; une simple goutte d'eau ne vous trempera pas entièrement. Maintenant vous êtes invités à vous avancer sous la pluie.

Chapitre I

La réalisation de notre véritable nature peut être trouvée en ce moment présent, lequel contient le passé et le futur. Mais c'est une erreur de prendre le moment présent comme étant linéaire, une sorte d'intervalle entre le passé et le futur. De même, l'expérience du présent n'est pas synonyme avec l'expérience de l'absorption dans le vide. L'expérience du présent cancel tous concepts illusoires fondés sur une division entre un sujet et un monde objectif.

L'expérience du présent révèle l'universalité d'une existence cosmique en laquelle se trouve une hiérarchie systématique suprême à laquelle nous appartenons. L'expérience du présent nous amène à la reconnaissance de ce pouvoir absolu que nous servons dans notre transformation. C'est un processus d'élévation de la lumière se résumant en une floraison de la conscience universelle.

Au-delà de l'illusion du temps est la révélation de la totalité de l'être, la totalité que nous servons comme résultat d'une réalisation profonde, que ce n'est pas l'individu qui s'éveille mais plutôt le principe même et pure de l'intelligence cosmique et primordiale de l'être infini.

Chapitre II

Il est certainement très difficile de s'imaginer voyager dans un univers infini, sans forme mais immensément vaste où seule la lumière est présente. L'esprit jouit de cette liberté absolue et en cet univers se lèvent les fondements de toute la création. Ce séjour dans l'incommensurable est pourtant la nature primordiale de notre être psychique. Cet éveil à la vie qui n'a point de naissance ni de fin, est un passage du temps au non-temps.

Lorsque l'esprit réalise que le temps est inexistant sinon un simple produit de la pensée, sa nature véritable s'éveille, même si cet au-delà reste un mystère. C'est un voyage que l'esprit ne peut appréhender ou contrôler puisque ce voyage ni ne commence, ni ne finit. Ce n'est ni dans la naissance, ni à travers la mort qu'il commence. C'est d'une autre nature, d'une autre réalité, d'un autre paradigme. Mais lorsque l'esprit n'attend rien, n'est pas en devenir, ne cherche plus, ne possède plus, ni ne va ni ne vient, mais est intensément présent, il trouve cette liberté ultime, cette illumination en laquelle aucune notion d'identité séparée ne survient. C'est alors que ce séjour dans l'incommensurable s'entame; un séjour sans début ni fin.

Chapitre III

Le temps est venu pour nous de réaliser que la vie est, avant tout, esprit. Nos expansions matérielles n'apportent pas plus de clarté à notre esprit. Nous ne sommes pas plus heureux ni en paix avec nous-mêmes qu'avec les autres. Nous bénéficions peut-être d'une grande aisance matérielle mais cela ne comble pas encore notre vie sous toutes ses formes. Et même si, d'un côté de la planète, nous faisons des découvertes scientifiques extraordinaires, cela n'empêche pas pour autant le déséquilibre sévissant sur un autre continent. Il y a quelque chose de mauvais là-dedans, quelque chose que l'on ne veut pas voir.

Nous sommes avides de découvrir qui sait quel mystère, mais nous ne voulons pas nous arrêter sur ce qui est réellement en train de se passer dans notre monde. En effet, notre vision du monde est bien restreinte. Le problème est simple, nous ignorons qui nous sommes réellement, de sorte que nous passons à côté du but véritable de la vie. Les déploiements technologiques et scientifiques ne font qu'élargir cette lacune.

La vie est un embrassement de mondes et d'univers dont on n'a pas idée, auxquels nous sommes intrinsèquement liés et de ce fait, nous appartenons à des lois manifestes et immatérielles qui dictent la voie à suivre afin de parfaire les buts de la création. Comprendre que nous appartenions à un plan d'existence infiniment supérieur à celui dans lequel nous vivons et que l'on croit seul réel, est évidemment très difficile. La raison est simple; c'est que nous avons l'esprit obnubilé par le vaste champ du raisonnement et par l'accumulation de connaissances et des choses du passé. Nous ne sommes pas libres de la pensée et c'est cela qui fait notre malheur et qui est la cause ultime de la dégénérescence de notre monde et de l'épuisement de notre Mère la Terre. Cependant, là n'est pas la fin. Bien au contraire. Le cul de sac dans lequel nous sommes arrivés prédispose à un changement radical. La fin est un commencement. Le temps est maintenant arrivé où l'esprit doit reconnaître qu'il appartient à des plans d'existence qui se suivent et participent à un mouvement ascendant de l'évolution cosmique. S'y refuser et chercher à s'étendre dans le matérialisme intellectuel, c'est aller à contre-courant.

Quels seront les mérites de ces tâtonnements, des performances, de toutes technologies ? On ne résiste pas bien longtemps à la vie. On ne s'engage pas dans une lutte contre l'univers infini. Réaliser qu'il nous faille nous observer penser et agir, c'est s'ouvrir à la dimension spirituelle et véritable de note être. Alors nous pouvons participer à l'établissement d'un pont entre les valeurs matérielles et celles de l'esprit. Reconnaître cette vérité au fond de soi-même, est de s'adonner entièrement à la vie. Désormais, nous vivons la vie de l'esprit. C'est ce que l'on pourrait appeler le passage de la vie unidimensionnelle à la vie multidimensionnelle.

Il n'y a d'éveil à cette vie multidimensionnelle où tout est d'une organisation impeccable, qu'en s'ouvrant, en premier lieu, à la vie spirituelle qui consiste à être le plus présent possible face à tout ce qui se passe en nous, comme autour de nous. Suivre avec toute notre intensité toutes moindres pensées, comme toutes émotions et sensations, à quelque niveaux que ce soit, physique ou psychique, de même qu'accorder toute notre attention au mouvement incessant de la vie.

Cet éveil ouvre la voie du silence à l'intérieur duquel tout s'expose et en lequel s'ouvre un vaste horizon où l'esprit prend son envol et reconnaît sa nature éternelle. Cette reconnaissance de l'existence de notre nature éternelle est la réalisation du Dieu vivant en nous-mêmes. L'esprit ne se dissocie plus du grand Tout. La vie n'est ni matérielle, ni spirituelle; elle est une totalité, embrassant à la fois le plus haut et le plus bas; de même qu'englobant toutes directions à la fois. Elle est une et c'est elle qui vit en nous comme présence infinie.

Le don de soi est ce qu'il y a de plus extraordinaire, car plus nous nous sensibilisons au fait de laisser passer ce qui nous est donné, plus il nous est donné en retour et sous des aspects encore plus lumineux et plus nous nous étendons dans l'infini. C'est en cela que seul l'esprit entièrement libre de lui-même et des illusions du monde, est vraiment créateur. Plus nous apprenons à donner, plus nous nous élevons et embrassons des dimensions incommensurables.

Chapitre IV

Apprendre à donner est un art qui se développe avec la constance et le travail ardu. Mais cela se fait tout seul lorsque nous comprenons ce qui est à la base du mouvement de l'entière création. La vie est un mouvement sans fin, qui va et vient. Il y a toujours une force active qui crée et une autre passive qui, dans l'ombre, construit. La force active conçoit, tandis que la force passive reçoit et manifeste. Mais pour que la force active soit réellement créative, elle se doit d'être entièrement sensible au fait de donner. C'est alors qu'elle en vient à respecter entièrement la force opposée sans laquelle elle ne serait rien. De la même façon, la force passive se doit d'être d'une innocence et d'une vulnérabilité absolue pour qu'elle puisse recevoir la force active. Mais elle doit pouvoir s'éveiller à la concrétisation en laquelle elle atteint son but.

Pour l'esprit qui s'éveille au don de soi, la vie se transforme en une danse fleurissante. C'est à peine si l'esprit touche le sol, comme s'il était en train de prendre son envol. Suivre avec toute notre intensité la rencontre de ces deux forces en la vie, comme en nous, nous oblige à retrouver l'équilibre, là où l'esprit laisse aller le don que lui fait la vie. Alors nous pouvons réellement aimer le monde ; non pas que nous aimons le monde, mais nous ne reconnaissons que l'intelligence supérieure et absolue qui est à la base de tout ce qui existe. La vie crée éternellement, car elle donne éternellement. Apprendre à donner, c'est s'unir à notre essence Divine qui fait de nous des êtres libres et créateurs.

Chapitre V

Quoi qu'il puisse prendre place comme manifestation autour de nous, de la manifestation matérielle à celle immatérielle, il demeure que tout est vibration. Nous qui nous faisons une idée fixe de nous-mêmes, ne sommes que vibrations. Nous faisons aussi partie, comme avec toutes choses, d'un mouvement de va-et-vient sans fin. Puisque nous ne sommes que vibrations, il est possible de nous élever en intelligence et percevoir ainsi, directement, l'essence de toute vie.

Comprendre que nous ne sommes que vibrations, implique nécessairement que nous envisagions la vie de façon globale ; c'est-à-dire que nous ne voyions plus notre existence comme limitée sur une Terre appelée à se transformer tout comme nous. Ne s'en tenir qu'à une existence restreinte par des dimensions matérielles est certainement un grand signe d'ignorance. La vie ne se limite certainement pas qu'à ce qui se perçoit par nos seuls sens physiques. Vouloir comprendre les fondements de l'univers par ces seuls sens est évidemment un grand leurre. La seule chose que nous puissions y trouver, n'est qu'une plus grande ignorance.

À la base, nous sommes essentiellement constitués de trois corps : l'un concerne notre corps physique, un autre mental, auquel s'associe ce troisième corps subtil qui est l'esprit ou l'âme. C'est cette dernière qui nous confère un sens d'être personnel et fini d'une part, et d'autre part un sens de connexion avec quelque chose de beaucoup supérieure que nous, qui est l'âme de la création.

L'esprit ou l'âme est notre essence véritable, laquelle constitue notre niveau réel d'évolution spirituelle, en relation avec les plans supérieurs et immatériels de l'univers subtil. La plupart des humains n'ont conscience que de cette partie de l'âme qui se méprend pour le sens d'existence séparée à travers le mental et dans son identification avec le corps physique. C'est ce qui donne naissance aux désirs, aux quêtes tournant toujours autours de la satisfaction personnelle; comme si nous n'étions que cette identité fixée au plan mental et physique.

Lorsque l'on parle d'une nécessité de s'éveiller à soi-même, cela concerne l'éveil à travers le "moi personnalisé" auquel nous attribuons une permanence illusoire. Plus nous sommes attentifs face à tout ce que nous pensons, ou à la façon que nous nous conduisons à l'égard de toutes choses, comme à l'égard de toutes personnes, plus il nous est possible de voir au-delà du mental et des sens et plus notre être terrestre peut se libérer des tendances du plan terrestre pour s'offrir la possibilité d'élever son niveau de vibration à un tel point que l'âme individuelle vient à se fusionner avec l'âme universelle.

Cette ouverture nous fait clairement sentir que nous appartenons, en définitif, à un ordre cosmique supérieur auquel nous devons entièrement nous soumettre afin d'assumer et de parfaire le chemin dicté par l'organisation systématique des plans évolutifs de la conscience universelle.

C'est en élevant le niveau de vibration de notre conscience que nous arrivons à percevoir plus aisément le lien qui existe entre toutes choses. Percevoir ce lien, c'est s'éveiller à une intelligence supérieure. Là, nos sens sont dépassés pour faire place à des facultés encore plus subtiles qui concernent les qualités intrinsèques de l'esprit.

Il y a certainement plus de joie à vivre en esprit, que simplement s'obstiner à satisfaire les exigences mensongères et inférieures du "moi personnalisé". Pour l'esprit identifié au mental et au corps, les difficultés qui surviennent de toutes parts ne peuvent être éludées. C'est la vie qui le veut ainsi, puisqu'elle demeure totale et va toujours de l'avant. Ces difficultés apparaissent pour refléter l'état de notre conscience; ce qui, pour nous, est une occasion de nous retirer de notre profond sommeil et de comprendre notre place dans le mouvement ascendant de l'évolution cosmique.

La vie est parfaitement organisée du début à la fin. C'est en fait l'expression d'un amour infini dont touts êtres et toutes choses sont pénétrés. L'amour recouvre la Terre, de même que tous les univers. L'amour nous embrasse de la même façon, avec la même intensité sans aucune discrimination ou sens de séparation. La seule différence est qu'il n'appartient qu'à nous seuls de s'y ouvrir ou de s'y fermer. En s'y fermant, nous nous enlevons tranquillement la vie. Tandis qu'en s'y ouvrant, nous retrouvons la vie. L'amour donne la vie et non seulement nous la donne-telle, mais nous permet aussi de la donner nous-mêmes lorsque nous nous sommes réalisés en esprit. Le bonheur que l'on trouve en cette réalisation ne s'achète pas. C'est un niveau de vibration supérieur qui ne peut être altéré par les vicissitudes de l'existence humaine.

Devenir des êtres lumineux et entièrement créateurs est quelque chose d'entièrement ignoré par la plupart des humains. Mais c'est pourtant la réalité et ce sont d'ailleurs ces êtres qui, sans que nous le sachions, nous apportent une aide précieuse et nous dirigent à travers notre évolution spirituelle. Pour ces êtres invisibles peut-être, agir ainsi est pour eux une joie suprême. Ils appartiennent à ce niveau de vibration énergétique où le sens de "donner" est la caractéristique de l'évolution à laquelle ils sont parvenus. C'est ce sens de "donner" que nous devons apprendre en ce monde, afin que nous puissions parfaitement prendre notre place dans le mouvement ascendant de l'ordre cosmique. Une évolution qui s'en tient seulement au plan physique n'est pas une évolution mais devient un lieu de purgation à travers lequel nous devons séjourner jusqu'à ce que le plan physique soit perçu pour l'irréalité qu'il est, puis transcendé.

Les découvertes ou expériences que l'on peut avoir au niveau de l'esprit sont inégalables avec celles que l'on peut avoir à un niveau purement physique. De toute façon, bien que cela nous soit difficile à comprendre, l'élan scientifique a ses limites, puisqu'il est confiné dans la dimension spatio-temporelle du mental. De toute façon, là n'est pas le but de l'existence humaine. Nous ne sommes pas ici pour nous établir et parfaire un monde matériel, mais bien pour avancer vers une reconnaissance de la Divinité spirituelle qui se trouve déjà et pour toujours parfaite et complète en elle-même.

Notre vie en ce monde n'est qu'une station transitoire, un simple passage destiné à nous sensibiliser à la réalisation de notre réalité intérieure en tant que Principe évolutif universel. La plus grande science touche celle de l'esprit, car ses horizons se perdent dans l'infini; bien au-delà d'un sens individuel d'existence sur un plan terrestre seul; mais s'étendant à l'unisson dans la conscience universelle.

Chapitre VI

Il est bien plus important d'avoir l'esprit libéré de tout attachement que de chercher à être heureux en ce monde. Le bonheur dont nous nous préoccupons concerne une façon de nous oublier ou d'échapper à nos tourments et inquiétudes intérieures. Le bonheur que l'on cherche en ce monde n'est qu'une illusion.

Nous voudrions tellement mettre fin à nos appréhensions et notre grande solitude, que nous en venons à penser que nous ne pourrions réussir à vivre sans être accompagné de la personne que l'on aime ou sans les objets dont nous puisons de la satisfaction. En somme, notre esprit ne réalise pas sa vraie nature et ce à quoi il appartient en définitive, et de quoi il a vraiment besoin.

Saisir que nous sommes absolument liés au grand Tout n'est pas chose facile. Il faut l'admettre, cela exige une grande introspection, un long parcourt solitaire où l'esprit dispose de plus de temps et d'énergie pour s'interroger sur sa vie. C'est pourquoi il est avantageux de ne pas tant se fixer de but en ce bas monde, de ne point nous complaire dans des relations qui nous distraient et nous empêchent d'être face à soi-même ; à moins que nous acceptions de faire face à nos contradictions ! À ce moment, dans ce cas-ci, la relation devient un miroir précieux. La contemplation intérieure seule porte fruit en ce monde.

Ce qu'il nous faut, avant tout, est de trouver l'occasion d'être avec soi-même, sans rien ni personne pour nous éloigner de notre état d'être. Si notre esprit se préoccupe de faire quelque chose ou attend un lendemain meilleur ou espère s'évader de lui-même, c'est qu'il est prisonnier de choses extérieures à lui – l'esprit n'est pas libre.

La liberté est essentielle, car sans elle, on ne peut pas connaître le véritable amour. La vie dans toute son immensité, dans toute sa réalité, est amour. Tous les êtres, comme tous les univers en sont imprégnés. L'amour est ce qui nous permet de poursuivre notre ascension vers ces cimes qui nous attendent tous. Il ne pourrait y avoir de vie sans amour.

Si nous continuons à vivre malgré toutes nos difficultés ou nos malveillances, c'est parce qu'à la base, la vie est parfaitement organisée. Si nous souffrons ce n'est pas parce que la vie est difficile, bien au contraire. Si ce n'était du fait qu'en essence la vie est amour, nous ne serions même plus en vie ; car nous serions déjà perdus.

Nous poursuivons des idéaux, des ambitions, des envies, comme si nous pouvions réduire la vie à ce qui nous est agréable de penser. Tout cela est signe d'ignorance. Cela indique que nous sommes asservis par notre être terrestre, notre personnalité et que nous ne sommes pas tout à fait sensibles à notre esprit profond.

Cela qui est en nous est appelé à s'épanouir dans l'harmonie universelle et à partager les plans glorieux de la création entière. Cette réalisation se produit tout naturellement lorsque nous pénétrons en nous-mêmes et clarifions notre esprit ; ce qui se résume à observer, de façon toute impersonnelle, les allées et venues de notre esprit et de laisser aller, par le fait même, le superflu.

Pour distinguer ce qui est essentiel de ce qui ne l'est pas, l'esprit doit être libre d'observer. Et lorsque notre observation se fait sans l'ombre d'analyse, sans aucune attente ni motif, ce qui est observé se dévoile entièrement. C'est dans le dévoilement que nous trouvons nos réponses et non pas dans nos questionnements ou tâtonnements.

Lorsque nous nous posons mille et une questions, c'est parce que nous avons un but à trouver. La vie, elle, est autre chose. Plus nous avons de buts, moins nous nous ouvrons à l'amour. Et qu'est-ce que la vie sans amour ? Un champ désert ou rien ne peut pousser.

Comme notre esprit est encore naissant, nous nous ouvrons à l'amour à travers la rencontre d'un être cher. À ce moment, nous entreprenons un travail sur l'équilibre, le partage et sur la considération de l'autre comme étant égal à soi-même. Nous finissons par comprendre que nous ne sommes pas isolés du reste du monde. Nous sommes liés au monde, de même que le monde est nous. Mais pour que nous réalisions une telle union avec un autre être, l'esprit doit être capable d'un respect total de soi. Pour respecter un autre être, nous devons d'abord nous respecter nous-mêmes, et il n'y a pas de respect de soi sans liberté. Celle-ci est essentielle. Comme il n'y a pas de vie sans amour, il ne peut y avoir d'amour sans liberté. De même, la liberté ne peut entrer en existence sans la vérité.

Notre esprit se doit d'être entièrement éveillé aux choses telles qu'elles sont, sans idée préconçue, sans motif, sans désir. Alors les choses s'exposent comme elles sont véritablement. C'est à travers l'éveil de l'esprit que la vérité se manifeste et qu'elle libère; et dans cette libération, l'amour se fraie un passage et donne la vie.

Sur le chemin que la vie nous trace, l'esprit doit passer à travers trois stades de compréhension de l'amour. L'un est l'amour physique – là où nous rencontrons un miroir de nous-mêmes, de façon à ce que nous puissions retrouver en l'autre une occasion de nous regarder en face. Le but de ce travail est le dépassement de soi dans le sacrifice par rapport à l'épanouissement de l'autre, ou par rapport à la floraison de la relation elle-même. Aimer vraiment une autre personne indique que ce que nous espérons profondément, est que l'autre soit libre et qu'elle puisse prendre son envol et aller de plus en plus haut afin que la création entière bénéficie d'un bonheur encore plus grand. Dès lors, nous passons d'un amour physique à un amour spirituel.

Lorsque nous sommes pleinement éveillés au destin que nous assigne l'éternel, notre vie se résume en un don total de soi-même pour le bien-être de toutes choses, de tous êtres et de tous univers. Une telle ouverture, une tel élargissement de la conscience permet l'existence de la manifestation de l'amour à un niveau encore plus élevé ; c'est-à-dire que nous devenons entièrement sensibles au fait que la vie est une manifestation de l'amour Divin. Tous les univers, tous les plans d'existence sont pénétrés de cet amour Divin. Le regard ne voit plus autre chose que cet amour qui est aussi une bénédiction pour toute la création. Toutes choses, comme tous les êtres, sont bénis par cet amour. Rien ni personne n'est délaissé par cet amour. Toutes choses comme tous êtres sont actuellement dirigés par lui et nous atteindrons notre but que nous le sachions ou non, que nous le voulions ou non et en temps voulu par le Très-puissant.

Notre esprit profond est en vérité une étincelle de cet amour Divin. C'est le don du Tout-puissant. Nous sommes tous, qui que nous soyons, pétris par la main du Tout-puissant et notre destin repose entre ses mains. Notre éveil est notre obligation et quoi que l'on en pense, la vie nous place en face de cette nécessité, que ce soit par la souffrance ou la vertu.

Ce qui, au plus profond de nous-mêmes, nous incite à avancer toujours plus loin, est la profonde passion de l'amour. Notre esprit sait très bien que la vie ne subsiste qu'à travers cette passion de l'amour. Et non simplement nous sentons-nous absolument attirés par cet amour, mais nous en devenons la manifestation même. Une vérité dit que plus il y a d'amour, plus il y en a à transmettre et à partager et plus nous avons la volonté de vouloir le vivre et le partager. Le don de soi est ce qui ennoblit le cœur et illumine l'esprit.

Vivre pour la grande cause est le seul but qui puisse vraiment donner un sens à la vie. Il n'est pas simplement question de chercher la complaisance en ce monde ; mais de chercher à nous éveiller à un autre monde où la misère est totalement exclue, où toutes difficultés ne peuvent survenir; où il y a clarté, pureté et détachement dans les actes et les pensées. Et cet autre monde est bel et bien ici, sous nos pieds, devant nos yeux. C'est le miracle de la vie. L'expression du pouvoir incommensurable de l'Éternel.

Nous n'entrons dans le miracle de la vie qu'à travers un éveil conscient. Et c'est cet éveil qui élève notre niveau de vibration pour s'étendre et s'accomplir dans une harmonie universelle. Le paradis est bel et bien ici, en cet instant, là où l'esprit ne fait plus qu'un avec l'Éternel. Cela est possible qui que nous soyons, où que nous soyons, quelle que soit notre condition intérieure ou extérieure.

Les pouvoirs de l'Éternel sont immensurables et notre ultime source de vie réside en Lui. Comment pourrait-il en être autrement ? Nous sommes tous bénis par la main de l'Éternel et c'est ce qu'il y a de plus éblouissant. Voir ce Principe intelligent à l'œuvre est l'éveil le plus sacré. Après tout, les discriminations que l'on fait n'existent que dans notre conscience. Nous créons la séparation en y croyant. Qu'est-ce que la forme pour l'esprit sans forme ? Qu'est-ce que l'ombre pour la lumière ?

Nous sommes aux pieds d'une gigantesque porte s'ouvrant sur l'infini de la vie. Cette porte s'ouvre tranquillement et les êtres lumineux s'en réjouissent déjà. On ne dit pas non à l'amour, c'est un des plus grands enseignements. Dire non à l'amour c'est refermé les portes sur la totalité de la vie.

Les temps de souffrance ont pour but de forcer la conscience à se rapprocher d'elle-même afin qu'elle retrouve son essence Divine. Ce retour à soi-même, cette nuit obscure peut-être, est la porte de la vérité. Il ne faut pas en avoir peur, car ce qui nous fait le plus peur, est la source d'un éveil encore plus grand. Il est dit que la plus grande peur est celle du Seigneur. Lorsque nous avons vraiment peur du Seigneur, il n'est plus possible d'être tiraillé entre des désirs contradictoires et personnels.

Il n'y a qu'un seul chemin à suivre, et ce chemin est celui de la lumière. De même, il n'y a pas de plus grande joie que de s'ouvrir à cette lumière et cette ouverture s'accompagne d'un plus grand sacrifice de soi. Se sacrifier signifie oublier à satisfaire les envies personnelles et de permettre à la vie de retrouver, à travers nous, un élan encore plus grand. Dans l'esprit de totalité, rien ne fait défaut, rien ne manque. Il n'y a que plénitude. La nourriture que l'on y trouve est immensurable. L'esprit qui s'abreuve à cette source de vie éternelle vivra pour toujours.

Chapitre VII

Il est plus facile de bavarder sans cesse de choses et d'autres, d'un sujet à l'autre, que d'être parfaitement silencieux et conscient de tout ce qui se passe en nous et autours de nous. Alors le silence de l'esprit apparaît soudainement, sans l'avoir cherché.

Un silence qui se cultive volontairement n'est pas le silence. Nous pouvons concentrer nos pensées sur une chose ou une autre, empêchant ainsi l'esprit de s'occuper d'autres choses, mais cela n'est pas le silence. Le vrai silence survient lorsque l'esprit est totalement présent et unit à cet univers insaisissable en lequel réside une harmonie indescriptible.

Comment l'esprit peut-il être parfaitement conscient de lui-même tout en faisant partie de ce silence où nul bruit ne peut se faire entendre ? Il y a certainement une différence entre un esprit qui résiste à un bruit quelconque et un autre esprit qui ne résiste pas, mais qui accorde plutôt toute son attention à tout ce qui se passe d'un moment à l'autre. Le bruit devient quelque chose qui dérange seulement lorsque l'esprit y résiste. Mais pour l'esprit silencieux qui n'entretient nulle pensée, il n'y a pas de bruit. L'esprit prend conscience du bruit et cela le dérange. N'est-ce pas à cause de la résistance que nous sommes dérangés ? Se faisant, nous faisons tout pour nous échapper du bruit. Alors nous alimentons le bruit et notre esprit se trouve encore moins silencieux.

La voie du silence n'a aucun rapport avec notre monde de bruit. Lorsque notre esprit n'alimente aucune résistance, lorsqu'il n'entretient aucune pensée quelle qu'elle soit, il n'y a plus rien qui puisse être la cause de quelque dérangement que ce soit. Dans le silence de l'esprit règne un tel ordre que rien ne peut entraver l'esprit dans sa contemplation. C'est lorsque notre esprit est parfaitement silencieux, que la vie se transforme en une douce mélodie et que toutes choses s'harmonisent les unes avec les autres.

C'est dans le silence que nous pouvons avoir l'intuition de ce que nous sommes appelés à faire en ce monde. Plus nous nous posons des questions sur quoi faire de notre existence, moins nous sommes en contact avec notre nature profonde et plus nous troublons le cours de la vie. C'est pourquoi nous ignorons ce qu'est le silence. Et lorsque notre esprit se perd dans le bruit de sa propre création, il cherche à s'en sortir et finit par s'illusionner.

Pour l'esprit de silence, tout est à sa place. Dans l'état naturel des choses, la vie dans sa plénitude nous apporte la paix et l'harmonie. De même que c'est elle qui nous met à notre place dans ce monde et qui organise les événements de façon à nous faire voir ce que nous devons voir et à nous inspirer à faire ce que nous devons faire et à penser au moment opportun. Cependant, l'esprit doit être hautement sensible pour réellement percevoir ces messages, de même que l'ordre extraordinaire qui se trouve derrière l'apparence chaotique des choses. En fait, l'esprit doit être capable d'une vision extrasensorielle; c'est-à-dire être capable d'une telle clarté qui lui permet de voir non seulement au-delà du mental, mais de voir l'intelligence supérieure qui est à l'œuvre derrière ce que nous croyons être dénué d'organisation et de signification. En réalité, tout a une signification. Il n'y a absolument aucun hasard. Tout est relié à toutes choses. L'esprit peut très bien percevoir ces liens et les comprendre et ainsi agir en conformité avec ce que la vie attend de lui.

Il nous est possible d'agir sur les événements extérieurs sans pour autant agir à un niveau extérieur. Nous pouvons, avec notre esprit, influencer le cours des choses sans aucune difficulté, à condition que nous sachions que ce que nous faisons soit quelque chose qui puisse réellement nous aider à évoluer et par conséquent, à élever le niveau de conscience des êtres autour de nous.

Un esprit clair peut tout transformer en élixir de vie. Il peut très bien descendre dans les plus bas niveaux sans pour autant en être affecté ; comme il peut s'élever à un niveau vibratoire supérieur et ainsi agir directement sur les circonstances. Tout peut être transformé et élevé ; c'est le pouvoir magique qui réside dans le cœur du Divin. Car c'est lui qui est à l'origine de toute la création. Il est l'Auguste ministre de toutes les hiérarchies qui maintiennent l'ordre dans tous les univers. L'Auguste ministre se trouve dans cet univers de silence où seuls les esprits détachés et à leur place, peuvent Le visiter et y apprendre sur les enseignements supérieurs.

Notre esprit s'accroche au monde de sa propre création et se faisant, tout ce qui se trouve à l'extérieur de son monde est l'inconnu et cela fait peur. Nous préférons nous enfermer dans notre petit monde connaissable et ensuite nous nous demandons pourquoi surviennent les difficultés existentielles. Le fait est que tout est éphémère et cela a été conçu de telle façon par l'intelligence supérieure pour que nous poursuivions le mouvement ascendant de l'évolution cosmique.

Un jour, nous croyons que notre vie n'en tient qu'à une seule chose – un amour, une famille, un travail, un pays et puis, tout à coup, la vie vient tout chambarder. Pour un temps nous perdons la tête et nous souffrons. Mais peu à peu nous reprenons vie et nous nous apercevons que la vie se transforme, de même que nous réalisons que nous pouvons passer d'une réalité à une autre, d'une façon de vivre à une autre, nous promener d'un monde à un autre. Et si nous sommes tant soit peu ouverts et sensibles, nous comprenons que la vie possède une faculté extraordinaire de transformation. Ce qui nous apparaît dénué de vitalité se change en une fontaine d'eau pure.

Si nous pouvions réaliser qu'en cet instant existent d'infinies possibilités, notre vie ne serait plus la même. Nous serions aussi libres que l'espace et rien ne pourrait nous limiter. L'aspect forme de notre existence n'a pas plus de signification qu'une bulle dans la mer.

La vie est multidimensionnelle et nous possédons la faculté de le voir et d'organiser notre vie en conséquence comme nous le voulons bien. Mais avant que nous puissions réellement nous réaliser en tant qu'êtres entièrement libres et éternels, notre esprit doit passer à travers l'illusion de la forme, pour ainsi s'élever à cette intensité de vibration qui ne connaît point de résistance ni de limite – cela qui est la lumière Divine.

Comment pourrait-on concevoir que nous puissions habiter un corps physique tout en étant plongé dans le vaste océan infini de la vie ? La clarté d'esprit que l'on y trouve est indescriptible, mais elle est pourtant belle et bien réelle. Aussi, plus nous réalisons l'apparence illusoire des choses, plus nous trouvons cette faculté de percevoir par-delà les seules facultés sensorielles. Nous arrivons à percevoir par-delà le mental même, avec cette qualité de lumière inhérente à notre nature profonde comme Âme cosmique et universelle.

Plus nous abandonnons les satisfactions de ce monde, plus nous en trouvons de plus grandes en esprit. Moins nous nous préoccupons d'avoir, plus il nous est donné. Le peu auquel l'esprit s'attachera lui sera enlevé. Mais pour l'esprit qui aura voyagé d'une richesse à l'autre, il lui sera donné davantage. L'enseignement le plus haut sera donné à l'esprit apte à tout abandonner. C'est le silence qui apporte richesse à l'esprit et qui fait de lui une source infinie de sagesse.

L'esprit le plus apte à recevoir est celui qui est silencieux, qui ne connaît point et n'entretient aucune opinion sur lui-même comme sur les autres et sur les choses. La plus grande sagesse coule dans les veines de l'esprit attentif qui ne pense point. La vie, dans sa réalité, est trop vaste pour être entassée dans un mental. Mais l'esprit a la faculté de se transformer en lumière de façon à se déplacer librement, à quelque vitesse que ce soit. C'est pourquoi la vie ne peut être encombrée d'entraves. Nos blocages ne viennent pas de la vie, mais sont la conséquence naturelle des résistances de l'esprit et de ses attachements aux objets du mental et des plaisirs sensoriels.

L'Auguste principe, dans son amour, n'a pas voulu que nous restions indéfiniment dans les enfers, c'est pourquoi il vient nous bousculer dans notre ignorance afin que nous puissions nous éveiller en recouvrant un sens des responsabilités face à ce que nous créons pour nous-mêmes. En cela nous trouvons notre récompense. Le travail sur nous-mêmes est synonyme de liberté, de transformation, d'évolution et de sagesse. Et quel est le plus grand bonheur ? Est-ce celui qui consiste à garder jalousement ce qui vient de l'extérieur et qui peut être volé? Ou est-ce le bonheur qui naît de l'intérieur et qui fait que nous n'ayons rien à perdre ? Le jour se lève où les vrais adorateurs vénéreront le Père en esprit et en vérité.

Chapitre VIII

Il y a divers niveaux de connaissance. L'un appartient au domaine du champ temporel de la raison et un autre concerne l'intuition, c'est-à-dire la faculté innée de l'esprit. Pour pouvoir accéder à cette dernière, nous devons explorer le processus de la pensée afin d'en comprendre sa raison d'être; de même que ces limitations.

Le "moi personnalisé" dont nous sommes tous plus ou moins conscients, est le noyau du champ mental, sans lequel la pensée ne pourrait subsister et sans quoi, la pensée en tant que telle, ne servirait à rien. Mais en étant assujetti au seul pouvoir du "moi personnalisé", le mental prend une importance qu'il n'a pas : C'est-à-dire qu'il devient le seul outil dont on se sert pour comprendre la réalité, qui elle, dépasse de loin les horizons linéaires du mental.

La vie est infinie, sans début et sans fin et nous sommes entourés de cet infini et tout ce qui arrive à tous les niveaux, physique et psychique, est relié à cet infini. Le mental lui, est lié au passé. Pas de passé, pas de mental. Alors aussi longtemps que notre observation du monde sera basée sur le mental seul, nous serons prisonniers du passé et moins aptes ou même dans l'incapacité de percevoir la réalité. C'est une grande erreur que nous commettons en tant qu'esprit identifié au mental. À ce niveau, toutes sciences ne sont qu'un prolongement de l'ignorance inhérente au mental.

Nous croyons fermement que c'est en accumulant de plus en plus de connaissances que nous apprendrons à mieux connaître la réalité. C'est le contraire qui est vrai. Plus nous accumulons des connaissances, plus nous accordons une réalité au temps. Plus nous nous accrochons à l'idée d'une permanence, moins nous réalisons, qu'en fait, tout est transitoire.

Nous cherchons à comprendre la réalité à travers les idées au lieu de considérer cette réalité d'un point de vue détaché de ces mêmes idées. Nous essayons de comprendre la manifestation sans comprendre son essence. Nous prenons l'effet pour la cause. Tout commence dans l'antimatière avant de devenir la matière. Tout prend son origine dans la conscience avant de prendre forme en tant que le monde. Pour comprendre le monde donc, on ne peut éviter de prendre en considération la conscience.

La manifestation extérieure est toujours secondaire. Mais la cause première, elle, ne change jamais. Cependant, nous n'arrivons pas à cette compréhension sans une certaine attitude à prendre, sans une certaine disposition intérieure et c'est là où la faculté ou particularité de l'esprit – l'intuition, entre en existence. Lorsque nous ne nous basons plus sur le mental seul pour observer la vie, nous élargissons nos facultés de compréhension et nous nous harmonisons naturellement avec le dynamisme inhérent et sans fin de la vie. Si l'esprit est parfaitement présent, sans le moindre mouvement de la pensée, il prend contact avec la vie dans sa dimension infinie.

Ce qui est perçu, est ce qui est révélé par la vie même. Cette révélation se perçoit par l'esprit, à travers l'intuition. Il faut pouvoir faire confiance à l'intuition. Celle-ci peut nous faciliter grandement les choses, car l'intuition reçoit les messages de la réalité dans son infini. La pensée, elle, est liée à la vie dans sa dimension linéaire, spatio-temporelle et physique. La pensée n'est pas à nier non plus, mais doit occuper une place subalterne, secondaire face à l'intuition – laquelle seule peut nous mettre en contact avec la réalité et donc éclairer le mental.

Mais pourquoi sommes-nous tant prisonniers du connu, de tout ce qui constitue notre héritage culturel et moral et comme résultat de nos expériences et produits de nos pensées et actions et que nous ne pouvons pas nous mouvoir librement dans l'inconnu et l'infini de la vie ? La raison est simple. Quel que soit le niveau de conscience auquel nous appartenons, nous sommes liés à des plans d'évolution qui vont leur cours à travers une suite logique et implacable. Le plan Terrestre représente la conscience égotique; laquelle se crée autours de l'identification avec le mental. C'est le champ gravitationnel de la Terre qui nous amène à nous en tenir au mental pour nous définir en tant qu'être pensant. Tant et aussi longtemps que nous ne nous éveillerons pas en esprit, tant que nous ne nous reconnaîtrons pas comme existant en conscience avant tout, nous serons soumis aux lois inférieures et récolterons les fruits de nos actions et pensées à ce niveau.

Un plan évolutif en suit un autre. Il en va de l'expression d'une organisation systématique reliant tous les univers de façon à ne former qu'un tout. D'autre part, c'est parce que seul le tout est réel que toutes manifestations s'intègrent parfaitement les unes aux autres. C'est une observation qui dépasse la raison. Ici, l'intuition prend sa signification. Elle nous permet de saisir une vérité qui nous transporte dans un monde supérieur. L'intuition seule peut nous permettre d'accéder à la vérité de notre esprit; ce qui est indispensable pour l'ascension spirituelle.

Nous qui sommes encore bien assujettis par le monde du connu, croyons que l'évolution va de soi avec une accumulation d'expériences et de connaissances dans le temps. Par ailleurs, cette évolution dont nous semblons si conscients, fait toujours partie du domaine de la raison, sans quoi nous n'en serions pas conscients. Nous sommes conscients de quelque chose, aussi longtemps que ce quelque chose fait partie du champ de nos connaissances et expériences. Se faisant, nous demeurons encore sur le même plan d'existence; peut-être quelque peu modifié. Mais le fait demeure que notre esprit n'est toujours pas éveillé à sa nature réelle et point sensible à la réalité de la vie dans sa dimension infinie et universelle.

À travers l'évolution cosmique, l'esprit de l'être humain doit passer par une manifestation primitive où l'énergie est très centrée sur elle-même, pour s'ouvrir tranquillement sur le monde extérieur. Là, l'esprit commence à réaliser que vivre pour lui-même n'est pas la solution à ses difficultés. Il a cru que c'était en s'accaparant des choses du monde pour sa propre satisfaction et sécurité, qu'il trouverait sa raison d'être. Notre nature primitive est maintenant à délaisser pour la découverte d'une dimension supérieure vers laquelle nous devons nous élancer.

Jusqu'à maintenant nous avons cherché à tout ramener vers soi, nous nous sommes limités au pour soi. Le résultat est que nous sommes en train de nous détruire. Notre Terre est fatiguée, notre civilisation se déchire. Le temps est venu où l'esprit doit suivre la marche ascendante de l'univers et accepter de transformer sa vision du monde. Au lieu d'un pour soi, nous devons nous ouvrir à un pour le monde. Au lieu d'un mouvement auto-centré, nous devons accéder à un mouvement s'ouvrant au monde extérieur. C'est seulement de cette façon que nous arriverons à nous soigner, de même qu'à soigner la Terre. De toute façon, le choix de nous ouvrir au pour soi, nous sera imposé quoi qu'il en soit.

S'ouvrir signifie que nous permettons à la vie de poursuivre son mouvement ascendant et c'est ce qui nous apporte la santé et le bien-être à tous les niveaux. On ne peut s'appliquer à trouver la santé physique, si notre esprit ne travaille pas sur une ouverture face à la vie dans son infini. S'ouvrir ainsi, implique que nous nous éveillons au processus de notre mental, de façon à ce que nous réalisions ses limites, à savoir quand il doit être en mouvement et quand il doit se faire silencieux. Et lorsque, celui-ci, est silencieux, nous trouvons la capacité de nous mouvoir librement, pas à pas, et en équilibre avec la vie en tant que totalité.

Il y a quelque chose de vraiment extraordinaire dans l'observation des mouvements de la vie. On y voit se défiler un ensemble de systèmes organisés qui embrassent absolument toutes choses. En percevant cette organisation supérieure, indéniablement, nous nous y soumettons. C'est précisément en s'y soumettant en toute connaissance de cause et en toute humilité et simplicité, que nous trouvons la vraie liberté. Celle-ci ne concerne certes pas le seul fait de pouvoir faire ce que bon nous semble, en quelque temps que ce soit. La vraie liberté se trouve dans la reconnaissance du Principe universel de conscience résidant au cœur de soi-même en tant que le Sujet premier.

Quand l'esprit est entièrement ouvert à la vie telle qu'elle est, il se trouve tout naturellement à sa place. Lorsque nous nous reconnaissons dans ce que nous sommes, nous devenons aussi sensibles au destin qui nous attend. Cette vision de la destinée est en même temps sa concrétisation. Désormais, il n'y a plus de distinction entre la perception et l'action. L'esprit réalise qu'il est lui-même son propre destin.

L'esprit peut très bien se promener dans le temps. Au départ, la vie nous place en face d'un destin à suivre, et maintenant nous réalisons que ce destin est nôtre, qu'il correspond immanquablement à cela que nous voulons réellement et résonant parfaitement avec l'appel de notre âme. En cela nous nous rapprochons de la plénitude de l'être et nous nous alignons, par le fait même, avec la vie comme elle est dans sa totalité. Nous nous illuminons dans le tout de la vie. Nous nous réalisons en tant qu'êtres créateurs dans son sens absolu. Nous ne sommes plus soumis aux forces de l'univers mais bien au-delà, nous devenons instigateurs de ces mêmes forces. Nous ne sommes plus régis par les astres, mais réglons les astres. C'est là où la raison subjugue. C'est l'esprit, à travers l'intuition, qui a la capacité de percevoir et de réaliser ces choses.

L'adoration de la vie en esprit est l'expression de ce jour nouveau qui se lève, de cette ère nouvelle qui pénètre de plus en plus notre être. Et c'est parce que nous sommes aujourd'hui plus que jamais soumis à ces forces que nos vieilles façons de vivre ne fonctionnent plus.

Il y a un temps pour un mouvement involutif et un autre pour un mouvement évolutif. En même temps que ce dernier entre en existence, un autre mouvement contraire prend naissance dans un autre coin de l'univers ou dans une autre dimension parallèle. Mais à travers ce mouvement des deux pôles, la vie poursuit son chemin et permet ainsi l'éclosion d'une implémentation systémique, supra-mentale d'univers infinis en expansion.

Le Très-haut se trouve dans toutes choses, dans tous les êtres, dans tous les univers. Lorsque nous nous ouvrons à l'intuition, dans la pureté de notre esprit, désormais notre regard ne se porte plus que sur le Très-haut. Cela a évidemment pour effet d'élargir et transformer notre perception des choses, de même que notre existence entière. Ce qui embellit le visage n'est pas autre chose que la qualité de la relation que nous établissons avec le Très-haut résidant au cœur même de notre être. En lui nous y trouvons une quiétude indescriptible et immuable.

Chapitre IX

Pour l'esprit éveillé, il n'y a point d'expérience. Et lorsque l'expérience n'est plus, la naissance comme la mort font place à l'éternité. Nous sommes soumis au processus de la naissance et de la mort parce que nous nous attachons à la forme. Ici, par forme, sous-entend autant les formes mentales que physiques. En réalité, nous sommes encore plus attachés aux formes mentales que physiques; même que, l'attachement aux formes mentales nous cause encore plus de problème parce que ces formes mentales, nous les prenons pour le réel; alors qu'elles ne sont que des formes mentales et rien d'autre.

Nous sommes attachés à un passé, dépendants d'un futur et nous éprouvons une grande difficulté à vivre seul, sans besoin d'aucun lendemain, ou sans que nous attendions que quelque chose du passé puisse se répéter. Nos pensées, nos actions sont le produit du passé. C'est pourquoi nous tenons pour normal que nous y soyons aussi attachés. Penser à hier et à demain est inhérent au fait de se prendre au jeu de l'illusoire apparence de la forme.

Nous aurons besoin de vivre pour le futur tant que nous serons attachés à un passé. De même qu'il n'y a pas de passé sans futur. Autrement nous laisserions le passé sombrer dans la nuit des temps sans l'ombre d'aucune peine. Mais il n'en est pas ainsi. Nous prenons pour acquis que nous avons besoin de maintenir le passé et c'est comme cela que le futur prend naissance. Ainsi nous vivons dans le futur pour parfaire un passé incomplet. Et c'est bien parce que notre passé est insatisfaisant, fragmentaire que nous nous projetons dans le futur pour pouvoir combler ce profond manque. En pensant au futur nous nous maintenons davantage dans le passé.

Pour s'affranchir du sentiment d'incomplétude face à notre vie, l'esprit doit chercher à se comprendre. C'est par ignorance que nous nous complaisons dans la sphère asservissante du temps. Et lorsque nous sommes ainsi tributaires du passé et en attente d'un lendemain, pour nous la naissance et la mort acquièrent une réalité absolue qui tressaille notre esprit en lui inculquant la peur; laquelle est inhérente au temps.

La peur exprime l'incapacité de notre esprit à faire face à la réalité transitoire des choses. Notre esprit est prisonnier d'une certaine structure psychique qui lui fait craindre le mouvement incessant et inconnu de la vie. Nous naissons dans l'espoir de compléter quelque chose du passé. Ainsi nous avons la conscience d'un début et d'une fin. La naissance on s'en réjouit tandis que nous cherchons à repousser la mort. Nous sommes prisonniers du temps et notre peur indique notre profonde incompréhension face à la nature éphémère de toutes choses. Nous nous représentons la vie d'une certaine façon et nous combattons cette façon particulière de vivre jusqu'à ce que la mort vienne nous réveiller quelque peu. La peur indique notre attachement au temps et notre inaptitude à nous adapter à la réalité de la vie.

Lorsque nous parlons d'un amour personnel, individuel, familial ou national, de quoi parlons-nous au juste ? Dans cet amour, nous nous attendons à ce que les gens se conduisent d'une certaine manière, qu'ils écoutent ce que nous avons à dire, et qu'ils nous expriment, en retour, une reconnaissance particulière. Si toutefois la vie nous enlève un être cher, nous sombrons dans le malheur et l'incompréhension la plus totale. C'est de cette façon que nous séparons la vie de la mort et que nous nous empêchons de goûter au vrai élixir de vie que nous offre le Tout-puissant.

Il existe bel et bien une liberté qui nous permet de trouver un contrôle sur les événements de notre vie. Mais ce contrôle exige un dévouement à la grande Cause. Il faut que nous soyons parfaitement éveillés face à ce que nous faisons et pensons de façon à ce que rien ne puisse prendre racine dans notre conscience. Si l'esprit ne se souvient plus, ne s'attend plus que quelque chose de particulier ne survienne, il est sur la bonne voie. C'est la vie qui poursuit son cours. Elle seule sait de quoi il est question.

Dans l'éveil de notre esprit, plus rien ne fait l'objet du désir. L'esprit ne cherche plus et lorsqu'il n'attend plus rien des choses ou des êtres, le malheur ne peut plus survenir. Nous nous préoccupons d'un bonheur et c'est toujours le malheur que nous trouvons. En réalité, ce que notre esprit cherche, est de se regarder comme dans un miroir. Nous poussons à bout nos illusions de façon à ce que la vie nous renvoie leur source de souffrance et là nous apprenons. Cet apprentissage est véritable. Lorsque nous apprenons ainsi, nous sentons que nous avons franchi une certaine étape et c'est en cela qu'un apprentissage se reconnaît pour ce qu'il est.

Lorsque nous avons bel et bien réalisé l'illusion de la forme, c'en est assez d'elle, nous ne nous prenons plus au piège. Cet enseignement nous fortifie et nous apporte un plus grand respect face à la raison qui se cache derrière le pourquoi des changements qui s'opèrent constamment dans nos vies.

Nous savons tous que la vie est un mouvement continuel, mais nous cherchons à droite et à gauche des portes de sorties. Nous croyons que nous devons nous tourner vers l'extérieur afin de combler le manque intérieur. Si nous pouvons nous exercer à laisser passer nos pensées, nous finissons par réaliser la nature éphémère des choses et nous remarquons que l'enseignement le plus haut réside dans la vie telle qu'elle se présente en ce moment.

Nous allons et venons d'un temps d'obscurité à la compréhension et c'est à travers cette alternance que nous nous rapprochons de plus en plus de l'harmonie qui constitue l'essence de la vie. Il devient clair en notre esprit que seule la liberté absolue constitue le but de notre existence. On se ballotte d'une existence à une autre, d'un rêve à un autre, d'un désir à un autre, d'une naissance à une autre et après coup, notre esprit développe une perspective toujours plus globale, au-delà de tout ce que nous avions pu nous imaginer. C'est en cela que nous devenons plus sensibles à notre existence en esprit et que nous puissions arriver à voir que la vie est réellement cet au-delà qui transcende la naissance et la mort.

En effet, pour l'esprit entièrement éveillé, la naissance et la mort ne font qu'une seule et même chose. La naissance fait place à une mort et celle-ci à une autre naissance. Désormais, la mort indique une libération face au temps; et la naissance, à l'épanouissement dans la vérité et la lumière.

L'esprit ne peut entrer dans le royaume s'il ne naît de nouveau. La vie prend différents visages, mais ce n'est que pour nous inciter à ne pas sombrer dans notre propre façon étroite de penser. C'est un bienfait de la nature. Nul n'est abandonné de ses origines et de sa destinée merveilleuse.

On ne pourrait expliquer la paix la plus sublime qui puisse être trouvée dans la réalisation de notre nature véritable. L'abnégation de soi a toujours été un phénomène qui fait peur et on a toujours cherché à l'écarter de notre esprit. Pourtant, si quelque chose peut nous apporter un bienfait, c'est bien cette abnégation de soi-même. Celle-ci ne signifie pas que nous nous empêchions de faire n'importe quoi ou de vivre n'importe quoi.

L'abnégation ne se reconnaît pas dans l'apparence des choses. De même que vouloir la trouver dans l'apparence extérieure ne conduit qu'à une autre illusion et une autre souffrance. Car plus on cherche à nous écarter du fait, plus nous sommes tirés de l'arrière pour y remédier. La souffrance est le résultat de nos efforts pour nous écarter de notre nature véritable.

On ne nous demande que d'être honnête avec soi-même, alors la compréhension peut se faire jour. C'est cela le chemin et c'est de cette seule façon que nous pouvons trouver la sagesse. Celle-ci vient à nous par surcroît. Lorsque notre esprit est parfaitement simple, sans aucune opinion sur lui-même, il a toute l'énergie dont il a besoin pour passer outre l'illusion. C'est ce qui nous fait défaut, une aptitude à percevoir, d'un éclair, les stratagèmes de l'esprit et de les éviter. Lorsque nous avons toute la liberté d'observer, plus rien ne peut rester dans l'ombre. Nous devenons réellement perspicaces lorsque notre esprit est pure et reconnaît le but auquel il doit consacrer toutes son attention et tout son amour. Alors plus rien ne peut se dresser contre lui.

La maîtrise sur nos vies s'acquiert. C'est le travail à y mettre qui fait toute la différence. Mais ce travail s'accompagne toujours d'une libération. La force de l'évolution est ascendante. Nous serons toujours attirés par le haut, car la lumière que l'on y trouve est toujours plus resplendissante.

L'esprit éternel de vie est ce qui a de plus réel et en lui seul est notre Salut; lequel nous uni à la création entière. Nous sommes tous unis dans l'éternité de l'esprit de vie. Dans ce vaste univers de migration des esprits, tous y sont solidaires. Le faible comme le fort, servent tous deux la même Cause. En fait, la vie est réellement impersonnelle puis-qu'étant d'une intelligence supérieure. Nous sommes esprits dans un seul Esprit et par-dessus tout, cette discrimination n'est pas l'entière vérité. Il n'y a que l'esprit de Dieu.

Chapitre X

Il existe en chacun de nous la capacité de transformer l'énergie de notre être en un niveau de vibration plus élevé où les événements de la vie quotidienne ne nous affectent plus; ou plus aussi durement. Il nous est difficile de comprendre cela et d'y croire, car nous sommes si peu habitués à passer d'un niveau de conscience à un autre que, même lorsque cela arrive, nous ne nous en rendons pas compte. Cependant, nous savons que lorsque nous sommes joyeux, tout devient claire et précis. La vie avec ses contingences et préoccupations s'efface pour faire place à une autre réalité plus douce et harmonieuse.

Notre vision du monde va de pair avec notre état d'esprit. Si nous avons l'esprit alourdit, nous aurons de basses pensées sur la vie, comme sur le monde. Si, au contraire, nous avons l'esprit léger, tout en ayant des pensées supérieures, la vie devient précieuse et nous y trouvons l'inspiration.

Il nous est toujours possible d'élever ou d'abaisser notre niveau de vibration. Cela, nous sommes les seuls à le décider. Nous pouvons très bien vivre en ce monde sans pour autant être affecté par les changements imprévisibles qui, autrement, viendraient déstabiliser notre quotidien. Après tout, le but final de notre existence a rapport avec la liberté absolue de notre esprit face à tout ce qui puisse se passer extérieurement.

C'est quand surviennent les changements imprévus de la vie, que nous trouvons la chance de voir si nous sommes prisonniers de ce monde ou non et à quel niveau de maîtrise sur nous-mêmes nous nous trouvons. En général, lorsque la vie bouscule nos petites habitudes, notre petit confort et notre sécurité, nous nous sentons brimés et dépourvus de vitalité et cela n'a nulle raison d'être. Nous devrions plutôt être reconnaissants que la vie nous permette de nous ressaisir et de nous obliger à prendre nos responsabilités à l'égard du chemin que nous devons parcourir et que nous avons choisi; que nous en soyons conscients ou pas. Nous devrions toujours avoir à l'esprit le plus haut idéal auquel nous devons consacrer toute notre énergie, notre passion et amour. Alors les changements nécessaires peuvent prendre place à la fois intérieurement et extérieurement.

Il y a bien une quantité extraordinaire d'événements dans notre vie qui nous donne l'illusion de la division et qui accaparent notre esprit. Mais ces problèmes, ces difficultés matérielles ne servent que la grande Cause. C'est parce que notre esprit cherche à s'endormir que les imprévus de la vie viennent frapper à notre porte et c'est un bienfait en soi.

Lorsque nous réalisons que nous devons nous appliquer à changer le niveau de vibration de notre conscience, nous passons l'examen. S'appliquer à laisser passer les pensées négatives qui tendent à nous abaisser et nous concentrer davantage sur le haut idéal, est le seul moyen pour nous aider à élever le niveau de vibration de notre conscience. Absolument rien au monde ne peut nous empêcher de faire cela. Bien au contraire ; la vie favorise l'élévation puisqu'elle va toujours naturellement de l'avant. C'est précisément parce qu'elle est ainsi faite qu'il ne nous est pas permis de nous endormir. Par ailleurs, tant et aussi longtemps que nous n'aurons pas pleinement réalisé le but ultime de notre existence, nous serons ballottés d'un côté et de l'autre, de même que nous aurons des hauts et des bas. Ces contraires existent de façon à ce que nous puissions apprendre à vivre dans le milieu – là où l'esprit ne vit plus dans la dualité.

Il n'y a aucun esprit qui veuille éternellement rester dans le malheur. Nous cherchons tous à nous libérer des malheurs pour trouver le bonheur. C'est la voie de la vie et nous ne pouvons pas nous en écarter même si souvent nous semblons choisir le malheur.

Si nous sommes maîtres, nous savons d'où nous venons et où nous allons; et qui nous sommes. Nous savons comment altérer notre approche des choses de façon à rendre témoin des changements à prendre place comme résultat. C'est cela qui apporte le bonheur véritable. Faire en sorte d'élever notre niveau de vibration est une douce et agréable occupation. Car nous réalisons sans l'ombre d'un doute que cette élévation ne s'arrête pas juste à soi-même mais s'étend aussi dans le monde autours de nous. En fait, c'est l'univers entier qui s'en réjouit. C'est cela le bonheur ; savoir que nous fonctionnons conformément au but de la vie tout en y apportant notre unique collaboration en étant qui on est. Reconnaître que nous devons consacrer toute notre énergie sur le haut idéal, transforme la vie en un vaste champ de beauté, de liberté et de magie. Désormais, quoi que nous fassions, ou quoi qu'il advienne, tout devient un outil nous permettant de nous élever toujours plus haut.

Lorsque nous rencontrons des forces négatives, c'est en ne leur résistant pas et en nous concentrant sur l'amour, qu'elles se transforment en énergie positive. Et lorsque nous nous trouvons dans un champ d'énergie positive, nous ne devons pas simplement nous y complaire, ni chercher à nous en accaparer. Mais nous devons plutôt nous concentrer encore plus sur le haut idéal. C'est en cela que nous exprimons notre reconnaissance envers le don que nous offre la vie. C'est en lui étant ainsi reconnaissant que nous trouvons en la vie une aide précieuse et infaillible. En la servant dans ces desseins, il nous est donné de ces choses ou de cette énergie dont nous avons besoin pour continuer notre ascension. Tout est donné à l'esprit qui fait ce qu'il doit faire. Notre travail ultime est de servir la grande Cause et d'en rendre témoignage dans notre façon de vivre au quotidien.

Lorsque nous nous rallions aux forces de l'univers, celles-ci, à leur tour, nous viennent en aide. Il s'agit ici d'un fait indéniable. Nous devrions toujours nous poser la question à savoir qui servons-nous ? Servons-nous la grande Cause ou cherchons-nous qu'à satisfaire notre moi ? Que nous soyons soumis à des difficultés ou épris de bonheur, nous devrions toujours nous poser la question. En se la posant nous clarifions notre esprit et par le fait même, nous reconnaissons la direction que doivent prendre nos pensées et nos actions sur le chemin assigné.

Notre chemin ne touche que la libération. Le reste, c'est-à-dire les conditions matérielles, c'est la vie qui s'en charge. L'esprit vient avant la matière. Cette dernière n'est qu'un véhicule destiné à supporter l'esprit dans son travail sur lui-même. Lorsque notre esprit est à sa place, la matière l'est aussi. Spéculer sur ce que nous devrions faire au seul niveau matériel est un grand leurre, car la matière n'existe pas réellement. Chercher à établir un contrôle sur elle, ne nous conduit qu'à une plus grande illusion.

Se dire que nous devons quitter la vie matérielle pour mener une vie entièrement spirituelle est aussi une illusion. Car pour la vie réellement spirituelle, il n'y a aucune distinction entre une vie spirituelle et une autre matérielle. Mais nous avons besoin de mots pour nous indiquer de quoi il est question. Les différences existent au seul niveau conceptuel.

Le but premier de la vie est de réaliser l'être absolu, ce qui est sans forme mais qui, en même temps, contient toutes formes par sa grandeur, son infini, son universalité et amour inconditionnel. De la même façon, nous ne devons pas avoir peur des contraires. Nous ne devons pas dénigrer notre vie matérielle sous prétexte que nous devrions nous sacrifier pour une vie soi-disant spirituelle. Tout cela n'est qu'un jeu de concepts et d'images dont nous tirons une satisfaction toute personnelle. Une vie réellement spirituelle concerne une vie intégrale et harmonieuse ; unissant ainsi toutes facettes de la manifestation et bien au-delà. La vie spirituelle nous rapproche de la vie une, sans division entre une manifestation spirituelle et une manifestation matérielle.

Il ne faut point résister à la vie. Si nous disons non à la vie matérielle, nous disons, par le fait même, non à la vie spirituelle. L'amour est en toutes choses et par-dessus tout, l'amour est Un. Nous devons tendre à l'unité dans tout ce que nous faisons. C'est le seul travail essentiel que la vie nous assigne. Ce qu'il y a lieu de faire ou de penser ou de vivre à un niveau matériel, nous le faisons sans aucune contrariété. Car s'y résigner exprime notre confiance en l'amour universel. À ce moment, que nous soyons incarnés dans la chair ou non, ne fait plus de différence. C'est la beauté et le miracle de la vie Une.

Le pouvoir de tout transformer réside en soi-même. Autant nous ne sommes rien du tout, autant nous sommes toutes choses. Autant nous sommes qu'une toute petite partie de la vie, autant nous sommes la totalité de la vie. C'est ici, où que nous soyons, que se trouve la voie et la vie.

Chapitre XI

La liberté est l'essence même de la vraie religion. Sans liberté, nous ne pouvons pas comprendre la réalité afin de s'y ajuster et de passer à côté des difficultés que nous rencontrons dans la vie. La liberté nous permet de nous mouvoir dans un univers d'ordre, d'amour et d'harmonie.

On ne peut se sentir vibrer en une conscience entière, incluant toute la nature, sans liberté d'esprit. Autrement notre esprit s'emprisonne dans des modèles de pensées et se divise ainsi du principe créateur qui est à l'œuvre derrière l'apparence des choses. Ce principe créateur est ce qu'il y a de plus difficile à voir. Car il se trouve dans le monde invisible et il ne peut évidemment pas être perçu par nos facultés sensorielles seules. Pourtant, s'il y a quelque chose qui est réel en ce bas monde, est bien ce principe créateur; sans lequel rien n'existerait.

Savons-nous ce qui nous permet de vivre ? Connaissons-nous cette force ? On conclut une chose ou une autre ; mais il faut l'admettre, nous ne le savons pas. Il y a l'élan vital qui permet à la nature de poursuivre son cours, de même qu'elle nous permet aussi d'exister. Mais cette force vitale elle-même est issue d'une force encore plus grande, inconcevable par notre mental. Cette force créative se manifeste à travers une organisation hiérarchique à laquelle nous sommes tous soumis et sans laquelle l'univers entier serait mené à l'abîme. Car ce n'est certainement pas l'humain qui assurera l'existence de la nature. Bien au contraire et nous le savons tous. Il est clair que nous allons dans le mauvais sens.

Que penser de l'âme qui est bien plus subtile que le mental ? L'humain navigue sans aviron et méconnaissant des lois qui le gouvernent. L'humain n'est pas libre. Il ignore ses origines de même que sa destinée et cela lui cause de grandes souffrances. Mais cela est inévitable. Il faut bien le comprendre, l'humain se trouve à un certain niveau d'évolution où les antagonismes et souffrances sont inhérents à sa façon de vivre. En réaction à cela, il cherche des solutions mais en vain.

Le libre choix nous est accordé de façon à ce que nous ayons à vivre et à assumer les conséquences de nos pensées et actions. En fait, la vie est parfaitement organisée ; mais d'une organisation qui défie entièrement notre raison. Il ne sera jamais permis au mental d'en connaître les fondements. Cette connaissance n'appartient qu'à l'esprit éveillé et supérieur et c'est lui qui est réellement la source de lumière.

Ce n'est que dans la liberté que notre vie, réellement, peut se transformer en floraison de l'esprit. Les mots nous aident à indiquer et lorsque nous percevons la direction à prendre, nous pouvons commencer la route et délaisser les mots. Mais la marche à suivre naît de notre propre volonté et de notre propre faculté de discernement. En cela, il y a beaucoup de travail à faire, car nous ne savons pas quoi faire de nous-mêmes. Nous ne savons pas où diriger notre énergie. Nous essayons de nous trouver dans toutes sortes d'occupations ou à travers d'innombrables relations et à la fin, la vie nous replace en face de nous-mêmes, dénudés, aux prises avec la même question : à savoir, peut-on faire face à soi-même ? Peut-on assumer la solitude qui est inhérente à la vie ? C'est cela la question ! Il faut bien l'admettre, la vie est un inconnu et nous sommes seuls face à cet inconnu.

Lorsque nous sommes jeunes, nous ne réfléchissons pas sur ces questions. Nous ne pensons qu'à nous amuser et à nous découvrir dans le monde qui nous entoure. Mais peu à peu, nous réalisons dans le fond de nous-mêmes, qu'intérieurement nous sommes quand même vides et nous prenons peur et cherchons, tant bien que mal, à nous faire une place en ce monde. Mais cela non plus n'apporte pas plus de clarté, c'est pourquoi nous ne sommes pas en paix les uns avec les autres. Notre esprit tournoie encore, inquiet, guettant le moment où tout s'effondrera et qu'il se trouvera à nouveau face à son vide intérieur. Surtout en ces temps d'existence humaine, où tout se bouscule, où il y a de plus en plus d'inquiétudes et d'incertitudes et de combats entre les races, les classes sociales et les religions. Le temps des vielles coutumes est révolu; une ère nouvelle s'annonce! Mais pour que quelque chose de nouveau prenne place, le vieux doit prendre fin.

Nous devons nous enquérir de façon à trouver les moyens de nous libérer du joug de notre mental. Nous devons centrer nos efforts vers la reconnaissance du but ultime de la vie et écarter tout le reste ; tout ce qui détourne la conscience de son éveil. Il faut toujours garder présent à l'esprit le haut idéal, c'est-à-dire la liberté absolue et considérer les événements extérieurs comme des moyens pouvant nous permettre de nous voir penser et agir; tout en déracinant les illusions de notre mental.

Au lieu de poursuivre les choses du monde extérieur, nous devons nous tourner vers l'intérieur et rester conscient de tout ce qui se passe en nous, de façon à ce que nous ne nous enfermions pas dans des modèles de penser figés et allant contre le mouvement infini de la vie. Cela est le départ d'un modeste chemin s'ouvrant sur le véritable bonheur.

Pour pouvoir nous libérer, notre esprit doit être hautement sensible à toutes pensées, à touts sentiments de façon à ne pas s'enliser dans le monde des apparences. Que l'esprit soit vigilant ! Pour que nous ne sombrions pas dans nos illusions, nous devons être très attentifs et laisser passer toutes les pensées, toutes nos impressions, de façon à conserver l'esprit clair et détaché. C'est ainsi que notre esprit devient extraordinairement simple. Et lorsque celui-ci est simple, la vie le devient aussi. L'un ne va pas sans l'autre. Notre vie est à l'image de notre esprit.

Il faut apprendre à vider notre esprit de toutes pensées et poursuites inutiles. Alors nous pouvons trouver une grande simplicité. Pour être vraiment libre, notre esprit doit être extraordinairement simple. La vie est réellement simple ; d'une simplicité absolument déconcertante; mais nous la rendons compliquée en poursuivant les idées du mental.

Lorsque notre esprit ne chérit plus le monde des apparences, n'essaie plus de trouver d'issues à ses souffrances ou ne se préoccupe plus de réponses à ses questions, il trouve la simplicité qui le libère de la conscience prisonnière de sa propre importance et agitation. La vie, en ce moment, est toute simple. La vie est telle qu'elle est – rien de plus simple que cela.

La vie est lumière infinie. En elle il n'y a nulle ombre. C'est notre esprit qui assombrit cette lumière. La voie du silence apporte la simplicité à l'esprit et c'est de cette seule façon que nous pouvons rendre compte de la présence immuable de la lumière.

C'est parce qu'il y a cette lumière que nous pouvons trouver qui nous sommes, comme notre parfaite tranquillité en ce moment même. La joie la plus grande se trouve en cet instant et le temps et ses contingences n'ont absolument rien à faire là-dedans. Cela n'existe que dans l'illusion de notre "moi personnalisé". Mais au-delà de ce "moi personnalisé", le monde et sa misère n'existe plus.

Le monde n'existe que dans notre conscience. La planète Terre, comme elle nous apparaît, à laquelle nous associons toute nos pensées, est une projection du "moi personnalisé". Notre vision du monde est horizontale et nous ne réalisons nullement le fait que nous puissions aussi regarder à la verticale, transcendant ainsi toute dimension spatio-temporelle. C'est la capacité innée de l'esprit de percevoir par-delà le mental. Ce que nous y trouvons est la science des univers et toutes connaissances y sont à notre disposition.

Nous créons notre monde. Celui-ci n'est pas une réalité en lui-même. Notre vie, telle qu'elle est aujourd'hui avec ses limitations et ses souffrances, est la projection de notre esprit.

Si nous nous changeons en esprit, le monde change aussi. Si nous nous ouvrons à la lumière de la vie, ce monde se transforme aussi en un monde lumineux.

Le temps est venu pour le monde de retrouver la lumière. Nous n'avons qu'à accepter cette transformation et tout pourra bien se résoudre; mais il faut qu'il s'effectue un processus d'épuration avant que tout changement durable puisse prendre place.

Croire ou ne pas croire est l'affaire de chacun. Nous percevons bien ce que nous voulons bien percevoir. L'éveil de notre esprit n'est pas l'affaire des autres, mais bien la nôtre. Quoi qu'il se dise, c'est à nous de faire la démarche et de reconnaître cet autre monde vers lequel nous devons tendre. Il s'agit de s'ouvrir non pas à un monde lointain, mais à la vie telle qu'elle est en ce moment, indépendamment du mental.

Cette vie qui nous apparaît si vide est en effet une source de chaleur et de lumière incroyable. C'est l'esprit Divin qui l'habite, et il est aussi en nous. Nous n'avons qu'à lui ouvrir la porte. Tirons les rideaux qui obscurcissent notre conscience et lorsque nous nous serons appliqués à laisser passer le jeu des pensées, nous nous apercevrons que seule la lumière éternelle à toujours été en nous et autours de nous et il en sera toujours ainsi. Il n'y a que la lumière de vie.

Chapitre XII

À toute fin il y a un commencement. Nos mondes mensongers ont leur fin et l'esprit n'a plus le choix que de s'éveiller et d'assumer un nouveau chemin. Cela est l'ordre et la justice de la vie.

La vie ne veut pas que l'on s'oublie, que nous perdions notre temps dans ce qui n'est pas essentiel. Tout en ce monde est voué à disparaître. Tous nos biens, nos proches, nos richesses, nos connaissances, nos idées sur comment les choses devraient ou ne devraient pas être; tout cela est du temps perdu. Nous devons revenir à soi-même et trouver en soi-même la source véritable du bien-être. Cela seul peut durer tandis que tout ce qui est extérieur, passera. Ce qui demeure est la qualité de notre esprit et le degré d'ouverture et de sensibilité que nous avons face à nous-mêmes et face aux vérités reçues du Très Haut.

Le niveau de vibration auquel notre esprit appartient dénote le degré de maîtrise sur nous-mêmes à travers les différents plans d'existence. Le niveau de vibration auquel l'esprit est lié, est ce qui demeure et se poursuit au-delà des naissances et des morts.

Que nous sachions beaucoup de choses ou peu, cela n'indique pas nécessairement que nous soyons des êtres éveillés et par là, capables de nous ajuster parfaitement à touts imprévus de la vie. D'ailleurs, nous reconnaissons qu'un être est maître de lui-même, non par rapport à la somme de connaissances qu'il a pu emmagasiner, mais bien dans l'expression de son détachement face à toutes choses. Cet être vit réellement sa solitude et cela lui confère une majesté qui surpasse tous les titres de ce monde.

Cette vie dénudée et solitaire en esprit, n'a rien à voir avec la possession de quelque bien matériel que se soit, ou avec la somme de connaissances emmagasinées; ou qu'un tel individu soit ou pas solitaire; cela n'a aucun rapport. La solitude dont il est question ici, concerne la qualité d'un esprit libéré des illusions du "moi personnalisé". Pour l'esprit libéré, les biens terrestres ne représentent qu'un support répondant aux besoins essentiels du corps, lequel est fondamentalement reconnu comme servant de véhicule pour l'esprit, afin que celui-ci accomplisse sa destinée.

L'esprit libéré ne pense pas à aider les autres. Son état d'être, son degré d'évolution supérieure agit par lui-même. Les êtres qui cherchent à trouver la lumière en ce bas monde sont naturellement attirés par ces mêmes esprits libérés, puisqu'ils représentent, extérieurement, la sagesse intérieure que nous cherchons.

Ce qui s'élève attire à soi des énergies supérieures et celles-ci ne s'expriment pas seulement à travers des êtres éveillés, mais peut aussi bien s'exprimer à travers un infini de choses. La façon que les événements s'organisent, exprime aussi la fréquence d'énergie dans laquelle nous nous trouvons. Et ce n'est pas parce que les événements ne s'organisent pas comme nous le voudrions, qu'ils reflètent nécessairement un antagonisme intérieur. Souvent, les événements extérieurs se brouillent de façon à provoquer en nous un recueillement, une réflexion profonde nous permettant d'épurer notre esprit des vielles illusions et façons vétustes de penser et de vivre.

Bien qu'il nous soit difficile de le comprendre, la suite des événements qui ne fait pas notre affaire est provoquée par notre propre volonté inconsciente. C'est qu'en fait, notre esprit veut apprendre, tandis qu'une autre partie de nous-mêmes ne cherche qu'à nous faire oublier la raison d'être de notre existence et à consolider des idées erronées sur ce que nous croyons être la vie.

La dualité entre les aspirations de notre âme et des penchants égotiques, existe en nous-mêmes pour que nous soyons poussés, indirectement, vers l'unité et la libération. Mais notre esprit sera assujetti à cette dualité tant et aussi longtemps qu'il n'aura pas parfaitement reconnu le vrai but de l'existence.

Notre ignorance nous soumet à la seule activité du "moi personnalisé". C'est lui qui est la cause de la dualité. Mais ce sens de dualité est nécessaire à un certain niveau. Nous avons des hauts et des bas pour que nous nous interrogions plus profondément sur la nature de notre esprit. Plus nous pouvons reconnaître l'activité égotique comme telle, plus nous pouvons l'observer de façon à comprendre son mécanisme.

La manifestation égotique est une partie inhérente de la dualité. Quelquefois nous nous sentons inspirés et acceptons de travailler fort pour nos buts. En d'autre temps, nous nous sentons désespérés, prêts à tout abandonner. Nous passons d'un extrême à un autre et cela ne peut être évité. Nous ne savons pas réellement pourquoi cela existe. En apprenant à être vigilant face à ce que nous pensons et faisons quotidiennement, nous devenons sensibles aux penchants égotiques du "moi personnalisé". Alors tranquillement mais sûrement, nous passons du "moi personnalisé" au "moi spirituel". Le "moi personnalisé" existe pour que nous nous éveillions, indirectement, à l'existence du "moi spirituel". Et lorsque nous sommes maîtres de ce "moi personnalisé", nous devenons aussi maîtres de la dualité en nous.

Tous les plans d'existence sont régis par deux forces opposées. L'une attire vers le bas et une autre, vers le haut. Si nous sommes des animaux et que nous ignorons ce qu'est le bien ou le mal, nous cherchons quand même à survivre. Si nous sommes des êtres soumis à l'activité du "moi personnalisé", nous cherchons aussi à survivre au niveau de ce "moi personnalisé" avec ses peurs et ses poursuites et désirs interminables; comme s'il n'y avait rien d'autre. Comme ce "moi personnalisé" n'est pas, véritablement, qui nous sommes, il y aura toujours la lutte pour devenir. D'autre part, il y aura toujours, aussi, une intuition face à ce que nous sommes réellement et face au but réel de notre vie. Beaux temps, mauvais temps, nous savons que nous sommes.

L'éveil spirituel concerne la reconnaissance que la vie, en essence, est esprit. C'est-à-dire que nous reconnaissons que l'essence de notre vie touche le développement de notre esprit de façon à ce que nous nous rapprochions de plus en plus de cette unité, où seul se trouve le bien-être que nous avons toujours cherché. En fait, ce bien-être est à la base du but de notre vie. Mais ce bien-être, nous ne savons pas où le trouver. Nous le cherchons à droite et à gauche, à travers l'acquisition d'une chose ou d'une autre, dans une relation ou une autre, mais un bien-être trouvé dans ce qui est impermanent ne pourrait être le bien-être véritable. Bien au contraire, le vrai bien-être se reconnaît dans ce qu'il n'a aucun objet. Il n'est pas le résultat de quelque chose. Il existe par lui-même, indépendant de la forme et c'est en cela qu'il est ce qu'il est. Le bien-être véritable n'a pas d'objet ; ni n'est circonstanciel. Il n'est pas une fin en soi ! Il existe par lui-même, il est la source de ce que nous sommes.

Pour l'esprit éveillé, le bien-être fait partie de son état d'être. Lorsque nous sommes totalement libres, nous sommes naturellement biens. Et ce que nous sommes appelés à faire, nous le faisons avec joie, sans aucune attente, sans motif, sans quête de résultat. Pour l'esprit éveillé, partager les bienfaits de cet éveil est une grande joie ; car l'esprit éveillé sait très bien que cela affecte l'univers entier.

Quelle plus belle chose que de s'ouvrir à la totalité de la vie et à travailler en ce sens ? Donner ainsi est sa propre récompense. C'est en donnant, c'est-à-dire en agissant librement, inconditionnellement, que la joie de vivre nous est donnée. Il ne s'agit pas d'une joie mondaine qui disparaît avec tout ce qui disparaît, mais d'une joie permanente qui existe dans l'esprit absolu et qui se répand par le fait même à travers l'infinité de la création et de la conscience.

L'interaction des forces opposées de l'univers, que l'on trouve nécessairement en nous-mêmes, ne constitue pas un problème en soi. Pour l'esprit éveillé, cette rencontre des forces opposées de l'univers ne constitue nullement une dualité en tant que telle. Il s'agit d'un mouvement cyclique soutenant l'évolution de la conscience et des univers à l'infini.

Pour qu'une chose ou un être puisse être porté à s'éveiller, il doit exister une force vers le bas qui le contraint, et une autre vers le haut qui le stimule et l'invite à dépasser son état taciturne. L'animal se sent mal lorsqu'il a faim – il devient nerveux et inciter à partir à la recherche de sa proie. De même, chez l'humain, son instinct le pousse à s'attacher aux choses de ce monde, tout en cherchant à consolider ses idées de lui-même. Ses attachements lui donne l'impression d'un grand confort et d'une sécurité. À un niveau plus élevé, l'esprit humain, en même temps qu'il se sent attiré par la matière, sent qu'il doit aussi travailler à se libérer de son sens d'existence égotique qui le fait souffrir.

À un niveau primitif, physique, l'énergie se centre sur elle-même et lutte pour se maintenir dans une forme délimitée à l'exclusion de tout ce qui, extérieurement, pourrait enfreindre ce processus. Plus l'esprit évolue, plus il est appelé à s'ouvrir vers l'extérieur et à puiser sa force dans cette ouverture – dans l'au-delà. Plus il se rallie à cet au-delà, plus il trouve de la force et moins l'attirance vers le bas devient un problème pour lui. Lorsque nous comprenons l'existence de la dualité à travers les plans de la création, la matière ne constitue plus une entrave. Nous trouvons notre joie envers ce à quoi nous dédions notre amour et agissons en accord avec ces plans d'existence. La dualité qui, auparavant, nous imposait un travail à parfaire, se transforme en un mouvement allant de l'avant par lui-même et tout à fait naturel et irrévocable.

Lorsque nous comprenons ces forces, plus rien ne nous fait peur. Nous pouvons très bien vivre en ce monde matériel et assumer la manifestation des divers plans d'existence, mais la différence, c'est que notre esprit demeure entièrement libre de ces mêmes manifestations. Pour l'esprit éveillé, la forme n'a pas plus d'importance que la non-forme, de même que celle-ci n'est pas plus distincte que la forme elle-même. L'esprit éveillé peut aussi bien être un Dieu en esprit, qu'être un Dieu en chair et en os et cela est l'apogée de la création où le début et la fin se confondent. C'est l'amour Divin qui nous souffle la volonté de vivre et pas autre chose.

Chapitre XIII

Moins nous nous posons des questions, plus la vie s'écoule paisiblement. Plus notre esprit est présent, sans le moindre mouvement, plus la vie nous dévoile clairement ses messages. Nul besoin de se préoccuper à ce sujet.

Les questions que l'on se pose naissent de notre confusion intérieure. Nous nous en faisons sur notre situation et nous souhaitons que les choses puissent arriver d'une façon ou d'une autre. L'esprit peut chercher des réponses; mais il se trouve à patauger dans une mare qui devient un enfer pour lui. Se faisant, il fait tout pour s'en sortir. Ce qu'il n'arrive pas à comprendre, c'est que plus il cherche des réponses à ses questionnements et inquiétudes, plus il aura l'impression d'être aspiré dans la mare. Comment la vie peut-elle bien s'organiser dans de telles conditions ?

L'esprit qui se débat à travers d'innombrables questionnements, trouble l'harmonie naturelle de la vie. Pour pouvoir voir clair en nos affaires et pour que la vie elle-même puisse bien s'organiser, notre esprit doit être en paix, sans chercher des réponses à droite et à gauche. Lorsque le lac est calme, immobile, les étoiles se reflètent parfaitement.

Il nous est peut-être difficile de le concevoir, mais notre vie constitue une totalité. C'est lorsque nous nous dédions à percevoir le lien existant entre toutes choses, que nous comprenons que la vie est avant tout esprit et que nous sommes les seuls à être la cause de tout ce qui arrive dans notre vie et à pouvoir entièrement transformer cette vie. Le manque ou non d'aide vient de ce que notre esprit travaille en ce sens ou au contraire, résiste à la vie.

L'esprit attire à lui des situations contraignantes jusqu'à ce qu'il en ait assez et curieusement, c'est à ce moment que les choses changent alors de direction. L'esprit est en quelque sorte l'élément moteur, le déclencheur de toute activité ou événement. S'il décide de se retirer et de laisser libre cours à ses tendances ou faiblesses et à devenir par là passif, il est bien évident que la tournure des événements ne sera pas en sa faveur du point de vue de son "moi" supérieur.

Le lien existant entre notre état d'esprit et l'existence que nous menons est intrinsèque. De même, plus notre esprit est conscient de cela, plus il tend à chercher l'élévation et à quitter le champ de son "moi" inférieur.

Par ailleurs, plus nous tendons à monter, plus grande sera la possibilité de descendre. Cela a été conçu de façon à ce que l'esprit soit face à une responsabilité toujours plus grande qu'on lui incombe. Pour un tel esprit, la vie ne se résume plus simplement à vivre pour lui-même, mais tient compte du fait que son influence sur le monde est d'autant plus grande. Moins nous sommes conscients de ce qui se passe dans notre vie, plus grande devient l'activité antagoniste dans le monde. Plus nous assumons entièrement nos états d'être et travaillons en ce sens, plus bénéfique devient notre action en ce monde. On n'accède pas dans les hauteurs sans en avoir la maturité nécessaire.

Plus nous devenons conscients de nous-mêmes et face aux lois qui régissent la vie, plus grande devient notre responsabilité à l'égard de toutes choses. La vie a été ainsi organisée de façon à ce que nous ne cessions de gravir ses sommets et que nous ne soyons aussi facilement tentés par les passions ou tendances égotiques qui peuvent survenir à travers les différents plans d'existence. Plus notre esprit devient conscient de ces manifestations à travers les différents plans d'existence, plus grande est la joie qu'on y trouve mais plus grande sera la tentation de s'en accaparer ou de la poursuivre. Tandis que plus nous acquérons de la sagesse en sacrifiant notre volonté à prendre possession de cette joie, plus nous nous élevons. C'est bien dans l'élévation de notre esprit que se trouve la plus grande joie. Cette joie est partagée avec toutes les entités qui suivent ce même chemin dans la lumière des lois universelles. Cette joie, nous la partageons avec le monde.

L'esprit ne devrait pas un seul moment perdre la qualité du pouvoir d'attention. Que nous soyons dans les bas ou les hauts niveaux, l'attention est la même. Ce qui seul change est la mise en action de cette attention et les conséquences de son absence. Le manque d'attention dans le bas niveau se manifeste dans la tournure contraignante des événements physiques dans notre vie. Au contraire, plus il y a d'attention, plus nous arrivons à suivre le cours naturel et déjà tracé de notre vie.

Pour l'esprit supérieur, sa préoccupation n'est pas tant dans les choses ou événements extérieures, mais à travers le remord de la conscience. Pour un esprit nullement conscient que la vie constitue une totalité, en laquelle seulement prend place la prise de conscience du lien existant entre les événements extérieurs et les états d'être intérieurs, les soucis s'en tiennent aux conditions physiques, émotionnelles et mentales. Mais pour l'esprit ouvert à cette réalité qu'il appartient à la totalité de la vie et qu'il est responsable de ce qui lui arrive extérieurement et intérieurement, le souci est plus lié au fait de ne pas s'être entièrement dévoué à la grande Cause. Ses préoccupations sont d'ordre spirituelles. Quoi qu'il en soit, la loi de cause et effet reste la même ; quel que soit le niveau de conscience où nous nous trouvons. La seule différence se trouve au niveau de la qualité vibratoire du niveau de conscience. Cette loi de cause et d'effet est sensiblement l'expression des deux courants d'énergie dont l'univers est constitué – soit un courant involutif et un autre évolutif.

Nous finissons toujours par faire face aux conséquences bienfaisantes ou malfaisantes de nos actions et pensées. De même, la vie nous renvoie indubitablement le produit du niveau de vibration dans lequel notre esprit se trouve. Et pour que nous soyons bel et bien attentifs face à tout ce que nous pensons ou faisons, l'esprit doit être conscient d'une autre force qui le suit et lui exprime les conséquences de son manque de vigilance et cela, à quelque niveau que ce soit.

Le mouvement de cause à effet n'est pas à comprendre comme étant un mouvement horizontal, mais aussi un mouvement vertical qui implique la rencontre des deux forces opposées dans la création. Cela nous amène à comprendre aussi que notre vie n'est pas essentiellement matérielle mais aussi psychique et que mener une existence purement physique, ou purement psychique alimente la dualité. Cela a pour effet de nous assombrir encore plus. Mais l'esprit ne peut indéfiniment rester dans l'obscurité. La vie ne peut aller que de l'avant.

Si l'esprit ne veut rien entendre des lois universelles, c'est la misère qui l'attend. Si l'esprit cherche à monter et à se tenir sur un piédestal trop longtemps, il finit par redescendre aussi vite. On ne joue pas avec la vie. Si nous essayons de mener une vie spirituelle c'est une bonne chose. Mais si nous nous servons de ces idées pour asseoir une importance quelconque que l'on veut exprimer et faire reconnaître, nous nous assombrissons encore plus que le pauvre esprit matérialiste qui ne cherche qu'à amasser des biens physiques. La douleur est certainement plus grande lorsque nous connaissons les lois universelles et que nous n'en tenions pas compte, que lorsque sans le savoir, nous allons à l'encontre de ces mêmes lois.

Nous avons déjà entendu dire que pour le Saint, un simple mensonge était une chose catastrophique, sinon impardonnable et cela est une vérité. Car plus l'esprit se tient près de la lumière, plus la moindre fausseté le tressaille. Il est question ici du degré d'intensité de présence et d'intelligence. Plus nous sommes sensibles, plus nous acquérons de la maîtrise sur notre vie. Alors ce qu'il nous arrive est ce que nous souhaitons qu'il arrive.

Si notre esprit réalise l'importance d'être entièrement attentif face à tout ce qui se passe d'un moment à l'autre, la vérité finit par être révélée. Et lorsque nous trouvons cette révélation, il se produit en même temps un changement extérieur considérable. Il faut toujours partir du centre de notre être pour trouver la périphérie. Pour comprendre pourquoi notre vie extérieure est ainsi faite, nous devons premièrement comprendre notre esprit. Souvent nous éprouvons de la difficulté à le faire. Mais pour la vie, absolument rien est impossible. De même que l'énergie ou l'inspiration ne peut jamais nous manquer. Si cela arrive, la faute n'incombe qu'à nous, c'est que nous la dissipons dans la résistance et la lutte. Mais ce vaste réservoir d'énergie peut être trouvé dans le sacrifice de soi.

Lorsque nous acceptons de transcender les exigences de notre "moi", notre esprit s'ouvre immanquablement sur ce vaste pâturage où il y a de l'énergie à profusion. Plus nous abandonnons les satisfactions du "moi", plus nous trouvons de l'énergie et plus nous nous harmonisons avec les différents plans d'existence, de même que plus la vie s'illumine et nous révèle ses horizons lointains où de plus grands bonheurs encore nous attendent.

Quelques fois nous croyons que la vie n'a pas de sens, mais cela ne survient pas sans raison. C'est que notre esprit a trop voulu pour lui-même. Ce qui en résulte, est une énergie antagoniste. Cependant, le fait demeure que la vie ne cesse d'aller de l'avant et sur ce chemin de la vie, les moments de stagnation en font aussi partie intégrante. C'est pourquoi nous rencontrons toujours des obstacles sur notre chemin. Mais ces obstacles sont aussi l'action de la Grâce. Autrement nous resterions prisonniers de l'ignorance pour l'éternité.

L'Auguste Principe, dans son amour infini, nous a créé tous égaux et sa lumière éclaire tous nos chemins avec la même intensité extraordinaire. La seule différence est que nous le voyons selon le niveau de conscience où nous nous trouvons. Et plus nous nous approchons de cette lumière, plus est grande l'étendue de ses rayons que nous apportons dans le monde et moins nous cherchons à la laisser se manifester en nous, plus grand est le sentiment que nous ne faisons pas ce que nous devrions faire.

L'esprit du bas n'a pas de remords dans le mal qu'il peut faire ou par rapport à l'ignorance dans laquelle il puisse se trouver. Car il ne perçoit pas autant la lumière que l'esprit plus évolué. Il a simplement moins conscience de ce qu'il fait. Moins l'esprit est ouvert à cette lumière, plus il est asservi et contrôlé par les penchants inférieurs. Plus l'esprit est ouvert à la lumière, plus il se sent responsable; mais plus grande la liberté qu'il trouve et plus claire se profile sa destinée. En fait le choix n'existe pas ; les choses suivent leur cours et l'esprit est attendu dans la demeure du Suprême.

Chapitre XIV

Pour que l'esprit puisse percevoir la réalité et transcender le monde illusoire des apparences et des formes, il doit parvenir à maîtriser son mental. Celui-ci n'est pas autre chose qu'une suite de pensées et de représentations imagées qui nous amène à croire en la permanence des choses.

C'est lorsque nous réalisons la nature vide de toutes nos pensées que nous acquérons la maîtrise sur notre mental. Dès lors, l'énergie vitale, au lieu de se dissiper dans un mental incontrôlé, s'élève à un niveau supérieur et éveille des centres de conscience supérieure jusqu'à ce que l'esprit reçoive toute l'intensité nécessaire à sa réalisation dans la totalité. Cet éveil apporte la perception directe et instantanée de la nature de toutes choses. Cette perception se fait indépendamment du champ de la pensée, de même qu'elle transcende aussi les perceptions sensorielles. C'est pourquoi la perception de la réalité a toujours soulevé de nombreuses difficultés. Notre vie fait partie de cette réalité et c'est avec la réalité que nous avons affaire avant tout.

Pour l'être humain méconnaissant l'essence de son être en tant qu'esprit, la réalité se résume aux projections imagées, conceptuelles du mental. Cela explique naturellement les divisions qui existent entre les humains et les antagonismes qui s'ensuivent. C'est l'illusion de la forme qui est la cause de notre souffrance. Nous courrons après des nuages et c'est cela notre malheur. Nous cherchons à bâtir une vie sur quelque chose d'illusoire et d'éphémère. Ce qui est condamné à s'écrouler.

C'est lorsque nous vivons en accord avec les lois de la vie que nous trouvons le bonheur. Il faut, en quelque sorte, être capable d'un sacrifice de soi. Non pas d'un sacrifice qui naît de notre seule volonté, dans le but d'échapper à notre insuffisance ou de trouver une réalisation quelconque, mais un sacrifice qui naît de ce que nous nous rendons bien compte que nous ne pouvons sans cesse nous accrocher à l'illusion de la forme. C'est cela le vrai sacrifice de soi.

Dans le silence de notre être, nous réalisons l'intangibilité de tout ce qui peut apparaître comme réel dans notre expérience directe. Ce silence est réellement le fondement de la vertu. Celle-ci est absolument indispensable pour parvenir à contrôler la totalité de notre être. Ce contrôle se trouve naturellement lorsque nous sommes profondément attentifs à tout ce que nous pensons et faisons.

Dans ce silence intérieur, l'illusion de la forme est clairement perçue et c'est en cette perception que nous arrivons à transcender le monde des apparences et à voir ce qui vraiment existe. C'est lorsque nous avons cette vision ou trouvons cette union, que la vie ne nous fait plus peur. C'est-à-dire que quoi qu'il puisse se passer, nous demeurons impassibles parce que notre esprit retrouve son essence éternelle dans le cœur du Très Haut. C'est cela la libération ultime.

Lorsque nous sommes suffisamment attentifs pour percevoir que le temps n'est qu'une construction mentale, de même que tout ce à quoi nous nous attachons, que ce soit face aux idées, aux objets, aux relations humaines, nous

nous trouvons dans un certain espace où, bien que nous nous sentions quelque peu seuls, nous réalisons aussi la présence d'une dimension plus réelle et silencieuse. De même que si nous regardons autour de nous ou en nous, les choses semblent révélées des qualités propres. Comme si nous quittions le monde pour y retourner et vraiment le voir tel qu'il est. Le monde autour de nous et en nous révèlent sa propre vitalité. Nous sentons la vie au-dedans. Il y a quelque chose d'extraordinaire en cela, car cette vie innée que nous percevons, non pas seulement par nos sens, mais bien par l'esprit, nous révèle la présence d'une force indépendante qui est à la base de toutes choses. C'est l'expression d'un amour embrassant l'univers entier. C'est un amour Divin.

Absolument tout, de même que les univers à l'infini existent de par la présence de cet amour Divin. C'est le souffle du Très Haut. Lorsque nous communions avec cette source vive et éternellement neuve, la naissance comme la mort, la jeunesse comme le vieillissement ne signifie plus rien. L'important n'est pas que le corps vieillisse, quel que soit son temps d'existence. Il est sûr, par ailleurs, qu'en étant en contact avec cette source vive, notre corps peut vivre beaucoup plus longtemps et bien plus en santé que lorsque nous nous emprisonnons dans l'illusion de la forme. Mais ce qui importe avant tout, est bel et bien de trouver ce qui confère l'immortalité à l'esprit.

L'expérience ultime de la réalité va au-delà des choses et des êtres à travers lesquels elle s'exprime et poursuit son chemin. Cette observation ne réduit pas à néant pour autant la forme à travers laquelle l'éternel se manifeste. Bien au contraire, c'est même en cela que nous trouvons la magie, pour ne pas dire le miracle de la vie. Une forme qui ne se divise pas du Principe de vie, est aussi ce Principe de vie. C'est cette perspective qui est importante de garder en tout temps présent en esprit. Alors nous pouvons nous occuper de la forme de la bonne manière et pas autrement.

Si nous nous préoccupons de trouver le Père en dénigrant la Mère, nous faisons fausse route, car la Mère représente l'état d'innocence le plus pur qui nous soit nécessaire de trouver en nous pour que nous puissions, précisément, recevoir la bénédiction du Très Haut. Cette innocence, cette souplesse, cette douceur et ce cœur sans frontière, la Mère nous l'enseigne. Et lorsque notre esprit est parfaitement innocent, il nous est donné de voir le Très Haut.

Le respect de la Mère a autant d'importance que celui du Père. Ne chercher qu'à adorer le Père en évitant de respecter la Mère est une pure et simple ignorance. De même que nous ne pouvons vénérer que le Père, nous ne pouvons vénérer que la Mère. Si nous cherchons à vénérer que le Père, nous devenons des fondamentalistes et finissons par nous opposer les uns aux autres. Si nous vénérons que la Mère, nous prenons la matérialité pour quelque chose qu'elle n'est pas. L'un ne va pas sans l'autre. Pour honorer le Père nous devons honorer la Mère. Et lorsque nous sommes suffisamment éveillés aux forces de notre mental, nous comprenons le lien qui existe entre la manifestation et le non-manifesté et c'est ainsi que nous réalisons l'unité qui est amour de la totalité. Alors nous ne sommes plus séparés de quoi que ce soit, de qui que ce soit. La totalité ne se mesure pas, ne se calcule pas. On ne rend pas de culte à la Totalité. On ne rend un culte qu'aux projections de notre propre esprit. La discrimination est une maladie de l'esprit. Mais dans le silence de notre esprit, nous retrouvons notre juste place ; comme la juste place que prennent toutes choses.

Chapitre XV

Pour passer à travers les difficultés de la vie et aller de l'avant, l'esprit ne doit pas entretenir aucun doute, aucune incertitude; mais avoir une claire vision du but véritable et toujours prêt à tout faire pour l'atteindre. Qu'il s'agisse de quoi que ce soit : un état de conscience, une expérience, une relation, une acquisition et même la santé, ce qui a lieu d'arriver, arrive comme il se doit. Et si les choses n'arrivent pas comme nous le voudrions, c'est que notre destinée est autre. Le problème survient du fait que nous laissons notre nature inférieure prendre le dessus. Dans la plupart des cas, nous laissons libre cours au mental et à nos émotions, apportant ainsi un sens de continuité au "moi" sans lequel nous nous sentons perdus, dépourvu de direction.

Lorsque nous laissons nos sentiments ou pensées envahir notre esprit, nous abaissons le niveau de vibration de l'énergie et nous devenons, par là, la proie de difficultés existentielles. Se laisser submerger par nos émotions ou pensées nous amène à croire en une réalité qui n'en est pas une; sinon dans l'imaginaire. Et comme cela va à l'encontre de la vraie vie, nous sombrons dans la confusion et de là naissent les efforts démesurés pour nous sortir d'un malaise de notre propre création. C'est de cette façon que nous perdons notre temps et notre énergie et que, par conséquent, nous devenons vulnérables à la maladie et vieillissons plus vite. Même nos facultés sensorielles s'émoussent. Les canaux énergétiques et nerveux se bouchent et il n'est plus possible de nous mouvoir librement et avec confiance en ce monde d'une part, et d'autre part, d'être sensible à la vraie nature de notre conscience.

Réagir d'une façon ou d'une autre n'est pas un problème en soi. Bien au contraire. Mais toutes expressions de soi-même, physiques, émotives et mentales, doivent servir d'occasion pour l'esprit d'atteindre une parfaite conscience des choses comme elles sont. C'est lorsque nous sommes ainsi à l'écoute de ces différents corps, que nous nous éveillons à une vie de l'esprit qui concerne cet autre corps supérieur véritable et intégral.

Il viendra pourtant un temps où l'humain se sera développé dans tous ses corps et à travers lesquels il appréhendera la réalité sous son aspect universel et en respect des lois dont il fait partie et qui le lit aux plans d'évolution de l'entière création. Même la science qui, aujourd'hui, commence juste à s'apercevoir que la matière n'est rien en elle-même, devra aussi évoluer autours d'une perspective globale et universelle.

Nous réalisons que ce qui en fait cré la forme, est l'esprit, cette matière intangible et imperceptible encore par nos facultés mentales et sensorielles. En effet, l'esprit ne peut être perçu qu'en esprit. De même, c'est le niveau d'évolution spirituel de l'esprit qui détermine le degré de perception possible. C'est donc dire que nous avons encore beaucoup à découvrir et cela ne se limitera certes pas que dans ce monde terrestre que nous croyons seul porteur de vie. Quoi qu'il en soit, nous commençons à nous éveiller à la nécessité d'apprendre sur nous-mêmes et à nous sensibiliser davantage à une façon entièrement différente de regarder les choses.

Plus nous sommes attentifs à nos réactions instinctives, émotionnelles et mentales, plus nous réalisons que nous pouvons très bien changer nos habitudes de faire et de penser. De même que nous finissons par comprendre que nous avons la possibilité de trouver une façon plus noble de vivre où se trouve la paix de notre esprit.

Se poser des questions sur une façon plus harmonieuse de vivre n'est pas une chose curieuse. Cela est tout à fait naturel, car la vie n'accepte pas que nous nous cristallisions dans des façons de vivre et de penser. Le résultat, nous le connaissons. Nous nous énervons à propos de rien, nous nous inquiétons de pacotilles et semons le trouble dans nos relations les uns avec les autres.

Lorsque nous sommes subordonnés au "moi", nous devenons la cause de l'antagonisme qui persiste à travers le monde. De même que l'extérieur nous affecte de la même façon. Si le monde est soumis à des difficultés quelconques, nous en subissons aussi les effets. Là où notre esprit est sous l'emprise du "moi", nous devenons la proie de troubles qui existent autour de nous. Être asservis par la seule activité du "moi" nous rend sujets au tourment et au désordre du monde. En fait le "moi" est un produit de la pensée collective. Car le monde tel qu'il est maintenant, est écrasé par l'intérêt que l'on accorde au "moi". Tant que nous serons identifiés à notre "moi", nous serons aussi sujets aux influences du "moi" collectif.

Nous commençons à peine à nous ouvrir à la possibilité qu'il y ait une organisation hiérarchique cosmique dont on fait partie et à laquelle nous sommes soumis. D'autre part, c'est par force des choses que nous commençons à nous rendre compte que nous sommes liés à la Terre et qu'en la polluant, nous nous polluons nous-mêmes. Quoi qu'il en soit, le monde vibre à un certain niveau de conscience et lorsque nous sommes asservis par notre "moi", nous sommes aussi soumis aux changements qui se produisent dans le monde.

Nous sommes affectés par tout ce qui vibre avec la même intensité que soi-même. Si, au contraire, nous nous appliquons à observer nos différentes réactions à travers nos différents corps, nous arrivons à mettre fin au superflu, à altérer l'inconscient et donc diminuer toutes façons conditionnées de penser et de faire.

En étant présent, nous élevons le niveau de vibration de notre conscience et de cette façon, nous sommes de moins en moins affectés par ce qui se passe à un niveau inférieur, comme par ce qui se passe dans le monde. Plus nous arrivons à nous détacher de nos émotions ou pensées, plus nous élevons notre niveau de vibration et plus nous attirons les forces qui existent à un niveau supérieur. Autrement dit, plus nous nous laissons gouvernés par notre inconscience, plus nous serons affectés par les niveaux d'énergies inférieurs. Tandis que plus nous devenons conscients de nos réactions émotives et mentales, plus nous les maîtrisons et plus nous recevons des énergies supérieures qui nous permettent d'être encore plus présents et complets et donc plus en harmonie avec l'organisation cosmique régissant l'univers entier.

C'est lorsque nous vibrons à un niveau supérieur que nous participons à l'équilibre des plans de la création. Si le monde est encore en vie, c'est grâce à ces forces supérieures en action qui le soutiennent sans arrêt. Ces forces en question agissent par l'entremise de l'esprit. La condition de notre esprit et celle de notre vie ne sont certes pas séparés. L'intérieur affecte l'extérieur et celui-ci, à son tour, influence l'intérieur. Dépendamment du niveau de conscience auquel nous vibrons, nous sommes influencés d'une façon ou d'une autre. De même, ces influences se manifestent non seulement à travers l'esprit lui-même, mais aussi à travers toute autre manifestation physique et cela à l'infini.

Nous sommes liés à l'univers entier et cela, autant au niveau de l'esprit qu'au niveau de la matière. En réalité, bien qu'il nous soit difficile de le croire, la matière et l'esprit constituent une seule et même chose. Mais cette compréhension est réservée à l'esprit éveillé et en maîtrise de lui-même et en maîtrise de ses autres corps subtiles et physiques le constituant. C'est l'esprit vibrant à un niveau supérieur, vibrant à un niveau suffisamment élevé pour percevoir directement l'essence des choses derrière leur apparente tangibilité.

Pour comprendre notre monde, il faut pouvoir le percevoir en esprit parce que tout vient de l'esprit en premier lieu. Et c'est aussi parce que l'esprit a la capacité de voir à travers et par-delà la dimension physique spatio-temporelle. C'est cette capacité de perception extra-sensorielle qui nous apporte la compréhension de ce à quoi nous appartenons vraiment et de comment s'organisent les différents plans de la création afin que nous puissions vivre en respect de ces mêmes plans. Cela implique autant l'existence des plans matériels que ceux spirituels. Si, par exemple, nous nous éveillons en ce corps terrestre, il est bien entendu que nous saurons comment prendre soin de celui-ci en étant tout simplement sensible aux liens qui nous unissent à la Terre. Alors nous apprenons à collaborer avec la Terre pour nous nourrir de ce qui est meilleur pour notre corps. Nous délaissons ces produits artificiels, toxiques, pour une alimentation vivante et aussi pure que possible. Cela est simple et naturel. Nous nous sentirons attirés par un mode de vie tout à fait naturel et nous nous rendrons compte que nous pouvons nous satisfaire d'une existence extraordinairement plus simple que cette existence moderne polluée et matérialiste dans laquelle nous vivons présentement. Plus notre corps est bien portant, plus notre esprit s'aiguise et plus il nous est facile de nous observer avec une plus grande énergie et présence. Les pensées et émotions négatives se transforment alors en joie de vivre tout en nous inspirant la recherche du Haut Idéal.

Il est certainement plus facile pour notre esprit d'être parfaitement conscient de tous les autres corps lorsque ceux-ci fonctionnent convenablement, sans blocage. L'énergie vitale fonctionne librement à travers les centres nerveux – c'est la santé que nous retrouvons et le bien être en esprit. Tout cela c'est l'ordre de la nature. Rien est à inventer. Il nous suffit d'être suffisamment éveillé face à tout ce que nous faisons et pensons pour que nous transcendions les limites et les blocages que l'ignorance nous impose. Et lorsque l'ignorance n'est plus, il y a cela qui est ordre et qui poursuit son chemin vers l'apothéose.

Chapitre XVI

La vie est un mouvement sans fin et nous sommes responsables de l'élévation de notre conscience ou de son abaissement. Quoi que nous fassions ou pensions, il y a toujours cette possibilité de s'élever ou de s'abaisser. En fait, vivre est essentiellement un travail continue sur soi-même pour arriver à se maîtriser et à devenir les auteurs de notre propre vie; plutôt que de rester des victimes. Au lieu de nous réduire à l'asservissement, nous nous élevons en êtres responsables, spontanés et créatifs. Nous laisser entraîner par nos simples réactions émotives et mentales ou à nous laisser guider par les facultés sensorielles seules, nous mène à la servitude du "moi".

On ne peut pas comprendre la vie sans une liberté absolue de voir. Et lorsque nous parlons de comprendre la vie, non simplement parlons-nous de s'ouvrir aux divers plans d'existence à travers lesquels nous devons tous passer, afin de poursuivre les buts de la création, mais nous parlons aussi d'une compréhension de nous-mêmes à travers les différents corps qui nous constituent.

Il n'est pas nécessaire de se plonger dans les sciences ésotériques pour arriver à comprendre nos différents corps. Nous n'avons qu'à regarder ce que nous sommes d'un moment à l'autre en relation avec toutes choses. Parmi ces corps, le physique est le plus évident; lequel nous force à chercher à travailler pour trouver notre substance. Cette nécessité de survie du corps sous-entend l'existence d'un "moi" tangible qui se croit seul réel et qui doit aussi survivre. À cela s'associe cet autre corps émotif qui rallie le corps physique avec le corps mental. Ce corps nous rappel le mouvement arrondi de l'univers. Il nous met en rapport avec le monde du vécu et de l'expérience ressentie directement. Mais cela seul ne pourrait suffire. Il faut qu'il y ait une contre-partie qui juge et discrimine et qui finalement nous dirige dans l'existence que nous choisissons de mener. Ce lien unit l'esprit aux corps inférieurs et qui assume l'organisation de ces corps dans notre vie. Le mental agit aussi comme pont entre l'esprit et le sens d'existence égotique dans ce corps. À ce niveau, le mental permet à notre existence de s'organiser autour d'un idéal et de le concrétiser.

Pour la plupart d'entre nous, nous vivons essentiellement à l'intérieur de ces trois corps – soient le corps physique, émotionnel et mental. Et nous cherchons, malgré tout, à poursuivre notre route comme nous le pouvons. Cependant, nous avons l'intuition que la vie nous pose des défis sans cesse qui ne peuvent être éludés. Même si nous nous évertuons à nous créer un monde à nous, avec nos besoins et désirs intriqués et contradictoires, nous sentons très bien la présence d'une énigme au fond de nous qui demande à être résolue. Cette énigme est la raison de notre vie sur cette Terre. Cette énigme ne peut se résoudre qu'en connaissant la nature réelle de notre être.

Les difficultés que l'on a à nous adapter aux imprévus de la vie, nous contraint à réfléchir sur le sens de l'existence que nous poursuivons. Ne penser qu'à nous complaire dans nos petits idéaux ne suffit pas. La peur sera toujours l'ombre de l'esprit encore asservit par la conscience d'un "moi séparé" et distinct du reste du monde. Ce "moi séparé" est la manifestation de cette énigme et c'est lui qui, indirectement, finit par nous imposer indirectement un recueillement, de façon à ce que nous soyons plus conscients de soi-même et du but réel de l'existence. Cette prise de conscience, que nous le voulions ou non, nous ramène à la connaissance des différents corps qui nous constituent, de façon à ce que nous puissions transcender les illusions dans lesquelles le "moi séparé" nous plonge et par conséquent, nous donner la possibilité de vivre de façon plus équilibrée et harmonieuse – en unisson avec le Tout.

Arrivé à ce point, nous appréhendons l'existence à partir de la qualité supérieure de notre être. C'est la réalisation de l'existence de notre esprit lié au destin, qui nous unit aux lois de l'univers et donc, au fait que nous appartenions à un Principe supérieur d'intelligence auquel nous devons nous adonner entièrement et absolument.

La compréhension du lien nous unissant à ce Principe supérieur se fait essentiellement en notre esprit à travers l'intuition – faculté supérieure de connaissance de vérités cachées. C'est l'intuition qui nous permet d'être pleinement conscients de la présence de nos différents corps. Cette prise de conscience apporte la vision claire des fonctions et limites de chaque corps de façon à les contrôler et pour faciliter la transcende du plan inférieur du "moi séparé" à l'être supérieur que nous sommes vraiment et indubitablement.

On ne peut pas s'adapter au mouvement sans fin de la vie sans permettre à notre esprit de survoler l'existence des différents corps dont nous sommes constitués. Et lorsque toutes choses sont à leur place, il nous est donné d'entrevoir l'existence de mondes et d'univers encore plus vastes et supérieurs au monde dans lequel nous sommes asservis malgré nous.

Nous nous satisfaisons de l'importance que nous nous donnons, ainsi qu'à nos objets d'attachement et à nos relations particulières, mais nous éprouvons quand même une profonde inquiétude à l'égard de ce qui pourrait détruire ce qui donne un sens à notre vie au niveau du "moi séparé".

La vie que nous avons est la vie que nous voulons. Ce n'est pas la civilisation dans laquelle nous vivons, bien que nous en fassions partie, qui soit la cause de la vie que nous menons et dont nous sommes les victimes. Même si nous nous réduisons à une vie inconsciente, la vie s'organise de façon à ce que nous ne puissions ainsi dormir bien longtemps. La vie n'est pas à peu près construite. Tout est parfaitement à sa place à l'intérieur d'une organisation systématique implacable. C'est parce que nous cherchons à éviter cette réalité, d'une façon ou d'une autre, consciemment ou non, que nous pouvons avoir la certitude que des changements considérables sont à se produire dans notre vie. Même si, pour l'instant, nous jouissons d'un bonheur ou d'une richesse quelconque, nous devrions profiter de cette occasion pour nous en détacher psychologiquement. Si la vie vient bouleverser les fondements de notre existence, nous sommes alors prêts à passer à autre chose. En s'ouvrant à la possibilité de comprendre et d'aller de l'avant, par le fait même nous permettons aux changements d'aller pour le mieux à tous les niveaux. Cela c'est devenir responsable de soi-même et de notre vie et quand vient le temps de faire face à la mort, c'est la victoire que nous trouvons sur notre vie.

La mort est l'alliée de la vie. Elle est simplement l'indication indéniable que tout est en perpétuel changement. Cela signifie que nous ne pouvons un seul moment nous attacher à l'idée de quelque permanence que ce soit. Cela est peut-être difficile, car nous sommes à des stages d'expériences où l'illusion de la forme a une très grande emprise sur notre mental. Mais cela fait aussi partie du destin des êtres sur cette Terre. Nous partons de rien pour nous méprendre pour la forme jusqu'à ce que nous en ayons entièrement réalisée la nature illusoire. Cela c'est la vie de l'esprit qui nous y amène.

Lorsque nous comprenons clairement que nous devons toujours tendre à l'essentiel, c'est-à-dire à la reconnaissance de ce à quoi nous appartenons en définitive, nous trouvons un sens de plénitude dans cette nouvelle source d'énergie infinie. En cela nous nous élevons et devenons des piliers inébranlables au beau milieu d'un monde qui s'écroule sans cesse. C'est la fleur en expansion sans fin, la majesté de l'esprit. C'est cela la grande énigme qui n'a, en fait, rien d'une énigme. Il s'agit simplement de la voie de la création et du retour à l'esprit créateur. Et ce qu'il y a d'extraordinaire, c'est que cela peut très bien être vécu ici même, sur une planète comme la nôtre, dans des corps opaques soumis à des lois physiques. N'est-ce pas le but de notre existence, Dieu qui se fait homme ? L'humain n'est-il pas destiné à incarner l'esprit de Dieu en chair et en os ? En vérité, la matière n'est pas plus un problème pour Dieu que pour l'esprit.

Il faut spiritualiser la matière et c'est en cela que la vie du Tout prend son sens. Mais il faut bien comprendre qu'une vie matérielle reliée à une dévotion de l'esprit, n'a absolument rien à voir avec la vie matérielle que nous connaissons. C'est comme la graine qui sommeille en terre et une autre qui germe. C'est la différence qui existe entre un corps obscur et un autre lumineux. La luminosité fait toute la différence. La matière se fond dans la lumière et sa qualité substantielle se transforme également. Cela se fait à travers le lien qui s'établit entre les différents corps dans l'ouverture de l'esprit à la lumière Divine.

Non seulement faut-il que nous nous éveillions à la qualité supérieure de notre esprit, mais il faut aussi que nous reconnaissions la lumière Divine comme le centre de toute vie. Peut-être est-ce irréalisable en ce bas monde ? Mais cela n'est pas impossible à l'esprit hautement et absolument dévoué à la grande Cause. Si nous travaillons intensément pour cette grande Cause, l'éternel vient à nous. La force d'énergie qui s'élève attire à elle une autre encore plus haute et c'est ainsi que nous trouvons l'aide nécessaire et que nous nous élevons assurément.

Notre liberté se trouve dans l'observation claire et détachée face à tout ce que nous pouvons vivre et de laisser cet état de pureté d'esprit et d'amour nous pénétrer de plus en plus profondément jusqu'à ce qu'il ne reste plus aucun doute quant à la seule réalité de l'Éternel.

Chapitre XVII

Il ne nous suffit pas simplement de connaître toutes choses, de même que tout connaître sur l'univers, pour réellement trouver la clarté et la paix dans notre vie de tous les jours. Le mental nous aide à nous représenter les choses, de façon à indiquer l'endroit où se rendre. Mais entre parler de l'endroit où se rendre et le chemin à parcourir, il y a un seuil à franchir et cela concerne l'éveil de l'esprit.

Il est certain que nous ne pouvons pas juste nous efforcer d'être conscient de nous-mêmes tout le temps – la nature changeante du mental nous l'indique. Le mental sert d'outil pour arriver quelque part; mais c'est tout ce qu'il peut faire : indiquer! C'est pourquoi nous pouvons atteindre quelque but que ce soit. Non pas que le développement du mental nous conduise directement à la connaissance de nous-mêmes, mais il est un outil pouvant servir à nous connaître en nous indiquant, précisément, les directions à suivre afin de réaliser notre but. Par ailleurs, le mental nous aide d'autant plus lorsque celui-ci est pleinement nettoyé des traces du passé. Ce nettoyage prend place à travers une intensité d'attention mettant en branle la totalité de notre être.

L'activité seule de notre mental n'apporte pas cette clarté si nécessaire à une réalisation de la vie en tant que Totalité. Encore une fois, nous pouvons très bien connaître tous les mystères de l'esprit, comme tout connaître de l'univers, mais cela ne signifie pas pour autant que nous ayons un mental épuré des tendances du "moi".

Lorsque nous ne nous appliquons pas à être attentif à la façon que nous pensons ou réagissons dans le quotidien, la simple acquisition de ces connaissances supérieures n'aura pour effet que d'alimenter ce "moi". Cela est un fait indéniable. Par exemple, nous pouvons très bien être cultivés sans éprouver de la sensibilité et de la compassion envers nos semblables. Nous pouvons très bien parler de la lumière sans pouvoir l'exprimer dans la façon que nous pensons et nous conduisons dans la vie de tous les jours. Ce n'est pas parce que nous savons beaucoup de choses que nous sommes nécessairement des gens respectueux et capables d'aimer avec détachement et sans condition. Ces vertus appartiennent à l'esprit qui, non simplement cherche à éduquer son mental, mais s'applique aussi et surtout à la prise de conscience dans tout ce qui émane de lui à travers les imprévus de la vie. D'autre part, il s'agit souvent de descendre très bas pour réaliser que nous avons de très grandes faiblesses. Le savoir ne nous rend pas humbles, mais au contraire, nous donne l'impression d'être plus intelligents que nous ne le sommes vraiment.

La connaissance sert le plus souvent de masque qui nous empêche de nous voir tels que nous sommes réellement, surtout lorsqu'il est question d'admettre nos impuretés, de les regarder en face et d'accepter de travailler dessus afin que, effectivement, nous puissions nous les comprendre et nous en libérer et par là accéder à une plus grande maîtrise de soi.

Pour pouvoir nous élever, nous devons commencer par admettre nos faiblesses, admettre, modestement, que nous pouvons nous duper et duper les autres. Nous devons reconnaître en nous l'existence de la bête. Avant d'être ce que l'on est, nous avons dû passer par mille et une manifestations qui imprègnent tout le mal qui a pu exister. Mais pour pouvoir s'élever davantage, c'est-à-dire jusqu'à la maîtrise de notre être entier, nous devons reconnaître les choses les plus fausses en nous, afin que nous puissions travailler dessus et les transformer en élixir de vie. Cela est essentiel et il n'y a pas d'autre issue.

Pour s'éveiller à la lumière du Très Haut, il faut pouvoir être parfaitement honnête et authentique pour reconnaître nos blocages et les éliminer. Il est toujours plus facile de s'imaginer être autre que ce que l'on est et de prendre cette image pour ce que nous sommes, poursuivant ainsi une vie de façade et de faux semblant – pour toujours contraint à chercher à consolider une armure appelée à être détruite. La tendance à s'identifier qu'à certains aspects de soi-même est toujours plus facile. C'est un moyen que le "moi" utilise pour éviter d'admettre et de faire face à ses lacunes profondes.

En prétendant être autre que ce que l'on est, nous avons l'impression d'altérer ces lacunes et souffrances. Voilà pourquoi que c'est le chemin le plus convoité. C'est la réaction première et instinctive du "moi" que d'éviter de se regarder tout en prétendant être autre que ce que la personne concernée est vraiment. Acquérir des connaissances est la moindre des choses. Les connaissances acquises ne sont pas synonymes de travail sur soi. Car il faut reconnaître l'être inférieur qui est en nous au même titre que l'être supérieur, de façon à devenir un être intégral et vrai. Un signe d'évolution de la conscience est la capacité d'être parfaitement honnête avec soi-même afin de se purger des faux semblants.

Se croire supérieur juste parce que nous avons accumulé une gigantesque somme de connaissances sur les lois de l'univers est très infantile. De la même façon, ce n'est pas parce que nous avons eu plusieurs éveils de conscience, que nécessairement nous sommes parvenues à une intégration et incarnation parfaite en corps, esprit et âme de ces mêmes éveils de conscience. N'importe qui peut s'éveiller et n'importe quand! Mais arriver à parfaitement intégré cet éveil non seulement dans le quotidien mais aussi à travers les différents stages évolutifs de cet éveil est une tâche grandiose dont très peu d'individus peuvent mener à bout avec succès et certitude.

C'est l'ignorance face aux stratagèmes du "moi" qui, non seulement nous fait souffrir, mais fait aussi souffrir les autres. C'est la bêtise humaine. Il semble que nous ayons à souffrir pour que nous finissions par reconnaître nos erreurs et admettre en toute honnêteté et humilité, qu'il y a des choses à régler au-dedans de nous. Et pour que nous puissions nous éveiller davantage à la lumière Divine, il faut que nous nettoyions nos canaux, c'est-à-dire tous nos différents corps. Non seulement la Terre est une station où nous devons nous purger des faux semblants du "moi", mais où nous devons développer un sens des responsabilités total face à une parfaite intégration des niveaux supérieurs de conscience et de s'avancer, de cette façon, dans le mouvement ascendant de l'évolution cosmique.

Ce n'est pas parce que nous ne savons pas assez que nous nous fermons à la lumière. C'est parce que nous sommes trop remplis d'impuretés, pour que la lumière Divine puisse nous pénétrer dans le fond de notre âme, sans aucune résistance. Le travail sur soi-même commence lorsque nous acceptons de reconnaître qu'il y a deux courants d'énergie qui se convoitent constamment. Il s'agit d'une force involutive, laquelle s'exprime à travers nos penchants égoïstes et une autre évolutive qui se manifeste à travers les inspirations de notre esprit pour retrouver sa véritable nature et se parfaire à travers elle.

Il ne suffit pas de suivre les inspirations de notre esprit et de chercher autant qu'on le peut à accumuler des connaissances sur les fondements de la création. Il nous faut reconnaître en nous les manifestations du "moi" afin que, précisément, nous établissions un lien durable et inébranlable entre le monde de l'esprit et celui de la matière. Ne savons-nous pas qu'en Dieu est la Totalité, qu'il englobe autant le monde spirituel que le monde matériel ? Pour mener une vie réellement spirituelle, nous devons, de la même façon, nous unir à la vie matérielle et accepter d'assumer des tâches, peut-être à l'apparence inférieure mais qui, à travers l'authenticité d'être, se transforment en éveil de l'esprit. Il faut que nous puissions autant aimer la Terre que le Ciel pour que, réellement, nous recevions la grâce du Très Haut.

C'est lorsque nous dénigrons la matière que nous laissons la force involutive avoir encore plus de pouvoir sur nous. C'est en n'acceptant pas de reconnaître nos faiblesses, que de un nous leur accordions une réalité et de deux, nous les laissons s'accroître. Alors l'esprit lutte d'autant plus contre lui-même et se retrouve dans des contradictions à n'en plus finir.

Les contradictions naissent de ce que nous essayons d'être autre que ce que l'on est. Et plus nous chercherons à être autre que ce que nous sommes, plus la vie fera en sorte de dévoiler encore plus nos contradictions et faiblesses et c'est dans la suite des événements quotidiens que cela se dévoile et qui ne peut être évité. Il vient un temps où il n'est plus possible de nous mentir à nous-mêmes et de mentir aux autres. Les lois de l'univers ne se déjouent pas et nous y sommes entièrement soumis. C'est l'impeccabilité des plans de la création. Et non seulement sommes-nous appelés à les suivent, mais aussi à les entretenir, ce qui explique l'existence des ministères qui gouvernent ces différents plans d'existence et qui distribuent à chacun les conséquences de leur action. On n'y échappe pas – la voie de l'ascension spirituelle est inévitable et implacable.

Cela même que l'on cherche à écarter, cette bête que nous recouvrons de tous les masques est ce que nous devons accepter de regarder. C'est ainsi que nous la transformons en réalisation de l'esprit dans la totalité. Et lorsque nous acceptons de voir, qu'en nous, existe autant l'ange que la bête, nous pourfendons les obstacles qui nous séparent de la vie éternelle. Après tout, pour l'esprit éternel, la bête comme l'ange ne sont qu'illusions. Cela appartient à l'éphémère. Mais pour comprendre cela, nous devons quitter le champ de nos perceptions erronées et nous ouvrir à l'insondable.

Il est demandé à l'esprit de faire un sacrifice. Et ce dernier implique la rencontre intime avec soi-même – face à face avec soi-même, exactement comme nous sommes. Nous devons être capables d'exprimer notre amour pour les petites choses, comme pour les grandes. Nous ne devons ni avoir peur de la noirceur, ni de la lumière. Nous devons nous considérer comme être intégral, sans négliger de regarder tout aspect possible de soi-même. Les faiblesses doivent attirer autant notre considération que les vertus. Pour transformer le démon, il faut l'aimer au même titre que l'ange. L'esprit ne peut se développer qu'en totalité, embrassant toutes les différentes facettes et directions à tous les niveaux de conscience.

Que nous soyons sur la Terre ou dans les Cieux, notre devoir est le même, car derrière l'apparence des choses existe pourtant une seule réalité. Dénigrer le petit sous prétexte que nous devons vénérer le plus grand est autant un leurre que de se complaire dans des penchants inférieurs. En fait, le plus petit manifeste autant le plus grand. Car le plus grand est dans le plus petit.

C'est dans notre capacité de faire face à notre vie telle qu'elle se manifeste quotidiennement que la porte s'ouvre sur la vraie nature de notre esprit. Et non seulement nous est-il enseigné de plus nobles vérités, mais nous apprenons à assumer nos plus grandes faiblesses pour ainsi aller au-delà. Alors la force inférieure se transforme en force supérieure et celle-ci, à son tour, nous permet d'entrer encore plus profondément en soi-même pour aller à la rencontre de tout ce qui nous entrave et dont on ne doit pas avoir peur.

Accepter de s'ouvrir à tous les aspects de l'univers en soi-même, est faire de notre esprit un champ fertile où peut se déposer les graines de la conscience supérieure. Ainsi nous ne devons pas détourner notre regard des difficultés et douleurs quotidiennes. Nous devons pénétrer la misère et ainsi exprimer notre véritable amour pour l'esprit de totalité. C'est lorsque nous nous ouvrons ainsi, sans aucune résistance, à toutes manifestations de la vie, que nous pouvons pourfendre les illusions du mental et aller de l'avant en conscience.

Seul l'esprit éternel est réel, alors on peut le connaître dans quelque monde que ce soit, sous quelque forme que ce soit. La bête comme l'ange ne sont que des formes. Ce qui seule permet l'existence de l'entière création, est la qualité de la conscience universelle. C'est dans l'universel que se trouve l'amour le plus pur. La pureté est non discriminatoire. En elle nulle ségrégation ou différenciation n'existe, nulle imperfection ou division; aucune chose qui puisse prendre l'apparence de quelque difficulté que ce soit. La qualité et particularité intrinsèque prenant place spontanément dans le Divin, est la non-dualité parfaite.

La vie dans toute sa pureté n'est pas à une distance lointaine ; mais existe dans le présent éternel. L'esprit créateur existe par-delà la création, par-delà le début et la fin. Que ce soit dans l'expression d'une force involutive ou évolutive, l'esprit Divin peut être trouvé. Que notre esprit s'avance lentement et soigneusement en toute authenticité et équilibre et la Grâce lui sera accordée assurément.

Chapitre XVIII

Ce qu'il y a de plus beau à trouver est le sens du sacré. Alors la question qui se pose est de savoir si l'esprit, conditionné comme il est, avec ses poursuites et ses ambitions, ses peurs et préoccupations mondaines, peut entrer en contact avec ce sens du sacré. Il est évident que pour trouver une telle beauté dans la vie, l'esprit ne peut vivre à peu près, reléguant ses responsabilités aux autres ou sur les événements extérieurs. L'esprit doit donc trouver un sens des responsabilités non seulement à l'égard de lui-même et des personnes, mais aussi à l'égard de la totalité de l'existence. Il est certain qu'une telle responsabilité, pour un esprit prisonnier de l'intérêt personnel, ne signifie pas grand-chose et cela est compréhensible. Comment peut-on sentir que nous appartenons à quelque chose de beaucoup plus vaste que cette vie personnelle remplie de préoccupations matérielles et psychologiques ? On ne passe pas dans le monde de la félicité sans avoir appris à démêler nos affaires en ce monde et surtout sans avoir eu, au préalable, une vision du but ultime de l'existence. Même si, pour la plupart, nous n'avons point l'esprit libéré des soucis quotidiens, il demeure que nous espérons quand même trouver une joie de vivre où nous pourrions enfin trouver la paix et l'harmonie et cela, non seulement en nous-mêmes, mais aussi à l'extérieur de nous, dans nos relations avec le monde.

Croire que nous avons réussi notre vie parce que nous avons une bonne situation dans cette société, ne nous permet pas pour autant d'être en paix avec nous-mêmes. Et qui sait si la situation économique du pays dans lequel nous vivons ne déclinera pas et que la vie sociale ne deviendra pas un cauchemar ? Des bouleversements de toutes sortes peuvent survenir n'importe quand, car les temps d'existence humaine sont très précaires et sont, en fait, en train de subir des changements fondamentaux. La Terre elle-même est appelée à subir des bouleversements énormes. Nous ne pouvons plus nous contenter de vivre superficiellement, fixant tout notre intérêt que sur un monde matérialiste et rationnel. Cette vie de contrôle, de complaisance et d'arrogance est parvenue à sa fin. Les temps d'existence médiocres sont révolus.

L'esprit humain est plus que jamais en face d'un dilemme immense. La question qui est maintenant posée à l'humanité entière, est de savoir si nous pouvons nous ouvrir à une existence dépourvue d'intérêt personnel! Sommes-nous capables de reconnaître que nous appartenons entièrement à des lois universelles et sommes-nous capables de vivre en accord complet avec elles ? Il va sans dire, avant que nous puissions répondre à de telles questions, il faut que nous tournions un peu plus notre regard sur notre monde intérieur.

Au lieu de nous préoccuper d'avoirs et de succès, nous devrions tourner notre attention sur ce qui se passe à l'intérieur de nous, tel l'intérêt démesuré que l'on accorde à soi-même. Avant de pouvoir comprendre le monde dans lequel on vit, on doit avant tout se comprendre soi-même. Il faut cesser de réprimander les autres, de les juger, de les abaisser. Nous ne sommes pas plus que quiconque. Un humain n'a pas plus de valeur qu'un autre. De même, dans la nature, rien est réellement supérieur à autre chose. C'est dans notre façon de voir les choses que nous établissons des différences, que nous jugeons qu'une chose est supérieure à une autre. Nous vivons dans un tel système de comparaison et de discrimination parce que nous nous faisons des idées bien précises sur nous-mêmes en tant qu'êtres supérieurs dans la nature. Nous ne connaissons absolument rien de celle-ci. Tout ce dont on a conscience est la nature perçue par nos facultés sensorielles, lesquelles ne constituent qu'une infime partie de tout ce que nous pouvons être.

Le problème n'est pas que nous ayons un manque de foi ou de connaissances, mais que nous prenions pour acquis le monde que nous projetons en pensée et que nous croyons tangible et seul réel. Nos illusions naissent de notre attachement trop grand à l'idée que l'on se fait sur soi-même et sur les autres; comme sur toutes choses. Si, au contraire, nous observons le monde sans dire qu'il est comme ceci ou comme cela, nous avons l'impression de ne rien connaître. Nous préférons nous faire accroire que nous connaissons quelque chose même si nous ne connaissons rien; parce que, autrement, notre vie de rêverie et de faux semblants s'effondrerait comme un château de cartes.

Nous n'avons pas à chercher bien loin. Il nous suffit d'observer comment nous tendons toujours à penser à soi-même avant de penser aux autres, pour comprendre que nous avons à travailler là-dessus. Et lorsque, par bonheur, nous finissons par remarquer que, effectivement, c'est à nous que nous pensons avant tout, nous commençons à nous ouvrir à une plus grande intelligence.

Il y a quelque chose qui nous échappe. Serait-ce que nous nous soumettons à notre seule existence égotique ? Comme si nous ne pouvions pas nous ouvrir à une conscience supérieure ! Pour que nous puissions arriver à transcender les exigences du "moi", nous devons absolument passer sous une investigation accrue et sans trêve sur soi-même.

C'est lorsque nous pensons ou agissons sans conscience, qu'effectivement, nous subissons les influences de notre nature inférieure. Si, au contraire, nous nous appliquons à l'observation de nous-mêmes face à tout ce que nous pouvons penser ou faire quotidiennement, par exemple, nous pouvons nous élever aux qualités supérieures de notre être. Être conscient de nous-mêmes signifie que nous ne subissons plus l'influence asservissante et dévastatrice de notre nature inférieure. Cela a pour effet de transformer notre vie. Nous réalisons que nous sommes capables de nous sacrifier pour les autres ; surtout lorsqu'il s'agit de partager ou simplement d'accorder une attention à l'autre, en considérant la personne comme elle est et non comme nous voudrions qu'elle soit. Il n'est plus possible de nous en tenir à de simples préjugés ou de nous conduire aussi centrés sur nous-mêmes lorsque nous sommes attentifs.

S'ouvrir à une prise de conscience de tout ce qui se passe en nous et autour de nous, nous permet d'apprendre sur la nature réelle de notre esprit, de même que sur l'existence des lois auxquelles nous appartenons indéniablement. Cette ouverture de notre esprit nous permet d'entrevoir un univers infiniment plus radieux et juste. La pleine conscience sur les choses nous ouvre l'esprit sur des valeurs sans pareilles avec celles sur lesquelles nous avons l'habitude de baser notre vie de misère.

La conscience qui s'ouvre sur le monde tel qu'il est, non seulement nous révèle l'existence de notre nature inférieure afin de la contrôler, mais nous ouvre aussi à une nature supérieure à laquelle est liée ce sens du sacré dont il est question. Lorsque nous nous ouvrons à cette nature supérieure, nous apprenons sur le lien qui nous unit les uns aux autres, de même qu'avec l'ensemble de l'univers. Ce lien perçu ne se limite pas qu'au niveau d'une vision abstraite, mais concerne aussi la mise en application d'un travail intérieur qui nous détache du monde périssable pour nous transposer dans le monde lumineux, permanent et vrai dans lequel le sens du sacré nous révèle que nous cheminons droit au but.

Il n'y a rien de plus important que la méditation ; c'est-à-dire celle qui consiste à avoir l'esprit totalement dégagé des brumes de la pensée. La vie prend son sens et trouve son extraordinaire beauté dans le silence de l'esprit. Nous vivons dans un monde ou un autre, accomplissons ceci ou cela, mais cela ne signifie rien si l'esprit n'est pas dans un état d'entière disponibilité face à la vastitude de la vie. Par ailleurs, cette vastitude, nous en avons très peur et quelles que soient nos occupations, nous nous en servons pour détourner le regard de cette vastitude insondable qui est en toutes choses, de même qu'à l'intérieur de nous.

La méditation dont il est question ici concerne justement la possibilité, pour nous, esprits agités et tourmentés par toutes sortes de choses, d'accéder à cette vastitude. Et si nous sommes capables d'en avoir au moins l'intuition et de garder cela présent à l'esprit, nous pouvons nous écarter de bien des soucis inutiles.

Nous pensons trop, nous ne faisons pas suffisamment de place à l'observation des choses comme elles sont. Pourtant, tout ce que nous pouvons vivre, sert à nous connaître et à nous permettre de sonder les profondeurs de notre esprit. C'est par l'esprit que nous pouvons percevoir directement l'essence des choses et non par le mental. En esprit, non seulement arrivons-nous à transcender le raisonnement lui-même, mais aussi toutes perceptions sensorielles. Celles-ci, comme l'activité du mental, ne sont pas pour autant annihilées, mais servent de conducteur à travers lequel l'esprit apprend librement, indépendamment du champ temporel dont nous sommes ordinairement asservis. De plus, en nous ouvrant aux facultés de l'esprit, nous nous sensibilisons à leur culture et leur bon fonctionnement à des niveaux beaucoup plus subtils qu'autrement. Aussi, s'ouvrir aux facultés de l'esprit ne signifie point que nous renoncions au monde matériel.

Comprendre la place qu'occupent les diverses parties de notre être, nous permet de développer leur plein potentiel. Une vision multidimensionnelle de l'esprit amène l'exercice des autres corps afin que nous devenions un être intégral, sans lacune et complet.

Lorsque nous trouvons en soi-même les moyens d'élargir notre conscience, c'est la totalité de l'univers qui s'en réjouit. Apprendre à se connaître est inévitable, c'est le chemin étroit de la vie. Cette connaissance de soi commence lorsque nous acceptons d'assumer cette vastitude en soi et que nous apprenions sur l'origine et le but de toutes nos activités. Si nous ne faisons que nous laisser aller, nous vivons en surface et sommes contrôlés par des forces dont nous ignorons la provenance. Il semble plus facile de vivre de façon conditionnée, mais cela est une illusion. Il n'y a pas de bonheur pour l'être qui dort. Il n'y a de repos que pour l'être qui se questionne et trouve la vérité le concernant.

Pour bien nous sentir, c'est-à-dire nous sentir parfaitement en harmonie avec soi-même, de même qu'avec les autres, nous devons nous tenir en équilibre entre une force de volonté inférieure et une autre supérieure. On ne peut nous conduire comme si nous n'avions pas de besoin physique et un "moi" pour les assumer. Par ailleurs, s'y laisser contrôler, nous réduit à l'esclavage et notre comportement s'alourdit par le fait même. Aucun respect de soi-même comme à l'égard des autres ne peut en surgir. Bien au contraire, c'est de là que survient tout désordre en nous-mêmes comme vis-à-vis les autres. L'esprit identifié à sa volonté inférieure va toujours chercher à se diviser des autres et à résister la vie. C'est comme vouloir entreprendre de diriger la totalité de l'univers à une seule fin égoïste. Évidemment, c'est sur nous que cela retombe. C'est une question de loi inébranlable. Mais lorsque nous essayons de nous ouvrir au monde et de le prendre en considération comme égal à soi-même, nous nous éveillons à une volonté supérieure et cette force est positive, allant de l'intérieur vers l'extérieur. C'est ici que nous apprenons sur le besoin de mettre nos exigences égocentriques de côté et à nous ouvrir au monde afin qu'il nous apprenne tout sur nous-mêmes.

Nous ouvrons la porte à la connaissance de nous-mêmes lorsque nous nous oublions et laissons la place à la vie dans toute son immensité. Cela signifie, comme exemple, que lorsque nous sommes avec une personne, nous lui accordons toute notre attention sans la réduire à travers nos critiques, évaluations et jugements, ou sans chercher à l'utiliser à nos propres fins. D'autre part, cette utilisation de l'autre se fait le plus souvent de façon très inconsciente.

Notre conscience égotique est capable de toute rationalisation ou justification, c'est son domaine. Toute justification est bonne et voilà que cela agit à notre insu et à l'égard des autres. Mais cela ne dure jamais bien longtemps. Soit que cela finit par s'épuiser, faisant place à la recherche d'une autre utilisation, ou bien l'autre personne ne tarde pas à réaliser qu'elle fait l'objet d'une satisfaction personnelle. Tout cela n'est qu'un jeu où, précisément, l'esprit se trouve, indirectement, face à la nécessité de faire face, à un moment donné ou un autre, aux conséquences de sa façon de penser et d'agir. Tout cela pour démontrer qu'on ne peut pas faire fi des lois qui nous régissent.

Un équilibre doit toujours être maintenu entre les deux forces qui régissent toute la création; c'est-à-dire la force évolutive et involutive. En fait, ce n'est pas que nous devons essayer de vivre d'une façon ou d'une autre, que ce soit sur un plan physique ou purement spirituel. Il s'agit plutôt de trouver une intégration parfaite entre les forces de l'univers en soi-même.

En étant tout simplement présent, nous nous donnons la possibilité de trouver cet équilibre en nous-mêmes. De cette façon, nous nous ouvrons à l'ordre existant dans chaque plan de la création. Alors nous suivons le cours que nous dresse la vie et tout est simplifié. Cela ne signifie pas que nous devenions des êtres uniquement contemplatifs et physiquement passifs, c'est tout à fait le contraire qui se produit.

Pour chacun d'entre nous, il y a une différence entre un travail inutile et un autre utile. Si notre travail entre dans ce qu'il y a lieu de faire, alors nous le faisons avec bonheur, car nous savons que nous agissons en conformité avec la demande du Très Haut. Il n'y a pas de travail plus enrichissant que lorsque nous le faisons pour la grande Cause. Quoi que nous fassions, quelle que soit l'expression de ce travail, cela est secondaire. Ce qui importe, est que nous le fassions avec le cœur, mais de façon désintéressée. C'est ainsi que nous trouvons l'équilibre entre l'aspect matériel et l'aspect spirituel de notre être.

Si notre esprit est parfaitement attentif, sans aucune pensée, naturellement nous trouvons notre place dans le flot de la vie; ce qui nous indique le chemin à suivre pour que nous puissions tout apprendre sur nous-mêmes à quelque niveau de conscience que ce soit. Mais nous avons tous à passer à travers des expériences différentes, à poursuivre certains buts ou destinées; de même nous avons tous à régler certaines affaires et ce qui nous apprend sur ces choses, c'est la vie.

Si nous essayons par nous-mêmes de nous retracer dans l'infini de la vie, nous n'y parviendrons pas, bien au contraire. Mais en laissant l'esprit se détacher des exigences du "moi", tout en demeurant parfaitement attentif au mouvement de la pensée, nous nous ouvrons à la vie et c'est elle qui nous guide dans notre chemin.

Nous avons tous tendance à chercher à droite et à gauche, quand ce qu'il y a à trouver, se trouve dans le milieu; c'est-à-dire dans l'immobilité de notre esprit. Il s'agit d'un Art qui s'applique à l'ensemble de notre vie. Et il se pratique partout où nous sommes et quoi que nous fassions. Cet Art se travaille en tout moment, en tous lieux, à toute époque, à travers tous les plans de la création. Et plus nous nous sensibilisons à cet Art unique, plus nous finissons par réaliser qu'il ne s'agit que du mouvement de la vie elle-même. La vie est cet Art d'être présent en âme, esprit et corps.

Chapitre XIX

Il est moins important de découvrir les mystères cachés de l'univers que de découvrir ce que nous sommes réellement et d'accéder, par le fait même, à la maîtrise de soi. Le but de la présence à soi, n'est pas d'annihiler touts processus mentaux, émotionnels ou sensoriels, mais de les considérer à partir d'une perspective globale. Alors le mental, l'émotionnel et les facultés sensorielles peuvent se déployer dans la lumière de cette perspective. Alors seulement tout peut fonctionner normalement et en équilibre parfait pendant que l'esprit se tient ferme, encré dans sa nature véritable, primordiale.

Il n'est pas nécessaire de chercher à se retirer du monde afin de ne pas être influencé par ses difficultés et imperfections. Il s'agit plutôt d'entrer dans le monde, mais sans nous y identifier. Nous devons demeurer détaché face à tout ce que nous sommes appelés à vivre, à faire ou penser. Alors, loin d'être des entraves à la compréhension, nos particularités en tant qu'êtres humains avec ses corps multiples, se transforment en outils de travail ; nous permettant de séjourner par-delà l'état ordinaire et unidimensionnel de percevoir et de vivre. Non pas que les facultés sensorielles et extrasensorielles nous apportent la perception de la réalité, au contraire, c'est lorsqu'elles sont subordonnées au pouvoir de l'esprit, que ces mêmes facultés peuvent fonctionner pleinement.

La maîtrise de soi n'est pas une annihilation ni une inhibition de soi-même. Il faut pouvoir se tenir aux aguets, ni poursuivre, ni nier ou négliger une chose ou une autre. Cela n'exclut pas non plus le fait que nous puissions insister sur l'expansion de certaines facultés dans un but de nous rapprocher de soi-même.

Si la vie nous a placé au milieu d'un vaste champ d'expériences et d'apprentissages, ce n'est pas pour rien. C'est dans la diversité que la plénitude de notre esprit doit être trouvée et non dans l'exclusion et la division. Ce qui importe donc, est l'ouverture de notre esprit. Non simplement une ouverture face à une chose ou une autre, mais une ouverture dans le sens où notre esprit ne se limite plus à une façon particulière de voir ou de penser. Nous laissons la vie pointer la direction et spontanément et naturellement nous allons de l'avant.

D'autre part, ce n'est pas parce que nous faisons usage de connaissances, ou que nous pensons d'une façon ou d'une autre par rapport au futur, que nécessairement, nous accordions à cela un sens absolu d'existence. L'erreur fondamentale est dans l'incapacité, pour notre esprit, de demeurer détaché même s'il est lié à un monde ou un autre, à un intérêt ou un autre. De toute façon, la vie nous renvoie immanquablement le fruit de nos actions. D'ailleurs, même si nous affirmons que nous pouvons faire n'importe quoi, pourvu que notre esprit soit détaché et attentif, cela ne signifie pas pour autant que cela soit ce qui se passe. L'esprit peut facilement élaborer toute une mimique ou une façon très logique et sage de voir les choses sans pour autant passer à côté de se duper lui-même. C'est pour cela que notre seul guide est l'intensité de la présence à soi. À travers elle, tout se dévoile. De plus, sans cette vigilance accrue, ce que nous faisons ou pensons, sera sujet à nous obscurcir d'autant plus. Ainsi, discourir sur ce que nous pourrions faire ou ne pas faire, est de seconde importance. Nous sensibiliser à l'éveil de notre esprit dans un présent, est ce qui compte avant tout. L'éveil de l'esprit dans un présent, est l'expression de la lumière de vie.

Pour nous, l'ignorance et l'illusion existent parce que nous nous identifions au mental et au corps. Mais dans l'éveil de l'esprit, la nature intangible et éphémère des choses se révèle assurément. Alors les choses vont leur cours en bien ou en mal et l'esprit demeure impassible. C'est l'état de la plus haute conscience. C'est en fait un état de conscience qui fait de la vie un tout harmonieux. Alors il n'importe pas d'aller dans une direction ou une autre, de nous ouvrir à tel champ de connaissance ou tel autre. Cela, la vie nous l'indique et nous pousse dans la bonne voie au moment voulu.

Alors nous apprenons à agir dans le non-agir, à penser dans le non-penser, à nous mouvoir dans l'immobilité. Cela est l'Art de vivre. Être capable de vivre dans n'importe quel monde, dans toutes conditions, assumant n'importe quelle existence, sans pour autant en être asservis. L'univers en tant que tout se trouve partout à la fois, quoi qu'il puisse se passer.

La question du temps, de l'espace et du mouvement, est chose relative. Dans l'éveil de l'esprit, cela est de seconde importance. La question est de voir la vie comme totalité. Notre esprit se préoccupe trop d'une chose ou d'une autre, d'une idée ou d'une autre, d'un monde ou d'un autre; toujours en rapport avec l'idée de lui-même. Nous ne réalisons pas comment évident est notre connexion avec la pleine conscience et pourtant, c'est bien là l'essentiel et c'est bien la seule chose qui puisse "durer", si nous pouvons faire usage de ce mot. Car c'est cela que nous voulons; quelque chose de durable et d'authentique.

Nous sommes conscients d'un manque qui nous poursuit partout où nous allons et nous cherchons éperdument à le combler. Cela exprime la chute de l'esprit et ses efforts pour retrouver sa contrepartie à l'extérieur de lui. Mais ce manque, en fait, révèle aussi la contrepartie de l'univers, c'est-à-dire l'existence du vide sans lequel il n'y aurait pas de création.

Ainsi le créateur conçoit les plans de l'évolution et la création les matérialisent. L'un ne va pas sans l'autre. C'est pourquoi cela nous amène à comprendre que la vie est à la base, multidimensionnelle, pour ne pas dire transcendantale. C'est quelle réunie toutes les directions à la fois tout en y joignant tous les plans d'existence et de conscience à la fois. Ce mouvement de la création se poursuit indéfiniment en même temps que son essence demeure d'un vide insondable.

Lorsque nous parlons de l'éveil de l'esprit dans un présent, nous parlons de la capacité à être détaché de la pensée et d'accorder toute notre attention à ce qui est. D'autre part, si nous apprenons que nous devons faire taire le mental et que nous devons transcender les facultés sensorielles, nous devons aussi comprendre que la répression de ces mêmes facultés, nous mène à une dépendance encore plus grande.

Lorsque nous travaillons sur l'éveil de l'esprit dans un présent, cela est le chemin – le chemin de la pure conscience. C'est la conscience qui éclaire et non l'obscurité. La conscience est chose actuelle. Si nous pouvions vivre simplement en prenant les choses comme elles sont d'un moment à l'autre, notre vie ne serait pas la même. Nous nous apercevrions d'une qualité supérieure d'existence en laquelle se trouve la réalisation de notre nature immortelle en tant que conscience unifiée et totale.

Chapitre XX

Il nous est difficile d'imaginer une vie en dehors du temps, sans passé, ni futur. De même, on ne peut songer à une vie sans direction, sans haut ni bas et sans possession ou lieu fixe où reposer la tête. Comment pourrait-on vivre sans mémoire, sans lien avec quoi que ce soit? Pourtant il s'agit d'un haut niveau de conscience; c'est-à-dire d'un niveau de conscience clair et libre; qui est l'essence même de la réalité absolue – Cela que nous sommes.

En fait, cet état de conscience clair, nous fait plus peur qu'autre chose. Alors nous avons peur de nous-mêmes. Par contre, s'il y a un état d'être qui puisse nous transporter hors de toute atteinte, qui puisse nous apporter la lumière nécessaire pour vivre en ce monde, c'est bien celui-là. Car non seulement nous permet-il de vivre sans l'ombre d'aucune peur, mais il nous prépare aussi au passage dans l'au-delà. En réalité, cet état d'esprit transcende autant la vie en ce monde que celle de l'au-delà. En fait, la réalité de cet état, est en dehors de la naissance et de la mort; quelque chose qui ne puisse être expliquée ou nommée. Ne dit-on pas du Très Haut qu'il est l'innommable? Ne dit-on pas aussi que nous sommes semblables à Dieu? Si nous habitons un corps terrestre, c'est afin d'expérimenter l'illusion de la forme tangible pour que nous soyons forcés de nous élever à l'expérience de la forme à un niveau beaucoup plus subtil et cela se poursuit jusqu'à ce que, compte fait, nous réalisions que l'aspect non-manifesté et l'aspect manifeste de la conscience constituent un tout indivisible.

Qu'il s'agisse d'une manifestation grossière ou d'une autre éthérée, sublime, il s'agit toujours d'un jeu d'apparences dans lequel nous trouvons un sens d'existence qui nous permet de dire "Je suis ceci ou cela", ou "ceci est différent de cela". Nous nous prenons du mauvais côté. Ce n'est pas en se cherchant une identité ni en cherchant une expérience tangible, que nous parviendrons à la réalisation de la réalité absolue. Au contraire, c'est lorsque nous réussissons à nous oublier et à oublier l'apparence dualiste des choses, que nous retrouvons notre nature véritable qui est l'indivisible, l'Un à travers l'apparence multiple des phénomènes.

Tout ce qui se perçoit par nos facultés sensorielles n'existe qu'en rapport avec l'état dans lequel nous nous trouvons pour les appréhender. Si notre esprit est dénudé de toutes formes de pensées, que se passe-t-il? Que devient l'existence apparente des phénomènes? Peut-être pensons-nous que nous perdons tous sens des réalités? Le contraire est plus vraisemblable. Notre observation est dictée par notre conditionnement propre. Et lorsque nous observons le monde dans lequel nous vivons, nous le voyons à travers cet écran constitué de tout notre héritage social et psychologique. C'est ainsi que chacun perçoit le monde selon son propre conditionnement et que finalement, pas plus l'un que l'autre n'a une vision claire et vraie du monde.

Nous nous amusons de concepts et d'argumentations de toutes sortes. Et cela évidemment ne sert qu'à nous, c'est-à-dire que ce que nous cherchons à travers toutes nos explications du monde, ne sert qu'à affirmer un sens d'identité pouvant nous permettre de nous établir dans un "connu", en réaction à cet "inconnu" de la vie qui fait peur.

Bien que nous n'en ayons point conscience, il demeure qu'il y a, derrière ce mirage du monde phénoménal, un principe vivant et intelligent qui poursuit son cours assurément et indépendamment de ce qui peut se passer au niveau de ce que l'on enregistre et perçoit dans nos vies. Cela ne se perçoit pas à travers les seules facultés sensorielles puisque celles-ci ne servent que d'appui et de direction au mental, lequel, nous le savons, constitue la forme de notre "moi", de cette entité conditionnée et embrouillée dans le monde des apparences. Ce qui, au contraire, nous permet d'entrer dans le vrai monde, est l'absence de tout mouvement de notre esprit.

Il nous est certes possible d'être profondément éveillé face à toutes choses, sans pour autant prendre pour réelles nos interprétations. Si nous pouvons observer un phénomène quelconque sans nous en tenir à nos premières impressions ou explications, nous voyons comment les choses prennent d'autres formes, révélant d'autres contenus. De même, nous nous apercevons que ce qui se passe, en définitive, n'est pas différent de ce qui se passe dans notre propre esprit. Nous sommes amenés à comprendre que ce que nous vivons est intimement lié au contenu de notre esprit et qu'en fait, les situations que nous rencontrons dans le quotidien existent de façon à ce que nous nous observions et transcendions les limitations que nous nous imposons.

L'expérience du vide derrière l'apparente tangibilité des phénomènes, est ce qui ouvre la porte à l'insondable – cela qui est l'intégration et la transcendance du vide et de la forme. Heureux est l'esprit qui travaille à ce niveau, en cette existence présente, car nul monde ne peut lui être inconnu. De même, nul monde ne peut le déranger dans sa stabilité implacable et dans sa force puisée aux sources mêmes de la création.

Nous pouvons acquérir tous les biens de ce monde et accéder aux plus grandes reconnaissances, mais cela aussi est une illusion. Car la réalité absolue réside dans la transcendance de la forme. Ainsi, il est moins important de se préoccuper de la vie que nous allons avoir, que de s'évertuer à réaliser le vide derrière toute manifestation. Mais comme le vide ne peut être poursuivit, toute recherche en ce sens est aussi une illusion. N'avons-nous pas dit que le bas comme le haut était du monde phénoménal et donc sans substance?

Le premier pas est toujours le dernier pas. Si notre esprit est présent, sans aucune pensée, ne poursuivant aucune direction ni ne s'accroche à aucun passé ou ne se projète dans aucun futur, alors c'est pour lui une réalisation de la nature vide de toutes choses. Par conséquent cette réalisation est en même temps sa libération face au temps et à la souffrance.

Nous accédons à un niveau supérieur de conscience, lorsque, parmi le tumulte du monde, nous nous tenons détachés, sans rien à protéger ou poursuivre. Cette conscience supérieure révèle que le monde est une création de notre esprit. Et lorsque nous nous en rendons compte, ce que nous voyons désormais, est l'unification de tous les mondes. Quel autre but peut-on chercher? Pourquoi ne pas simplement reconnaître la qualité infinie de notre esprit et s'y reposer et la laisser ainsi diriger notre vie, puisque c'est ce qui se passe de toute façon?

L'esprit devrait pouvoir se mouvoir en toutes directions, de même qu'à l'intérieur de toutes dimensions ou états. Ce potentiel est inné; puisque nous sommes la conscience avant tout et que rien ne pourrait exister sans la conscience. Le choix de nous vêtir du corps de lumière de la conscience infinie est nôtre. Lorsque cette réalisation devient aussi claire que la blancheur de sa lumière, nous devenons cette lumière; le monde devient cette lumière.

Chapitre XXI

Pour l'être identifié au mental où tout est perçu en fonction du raisonnement seul, la vie n'apparaît plus sous sa réalité immuable, multidimensionnelle et infinie. Par conséquent, notre vie devient ce champ étroit de batailles, d'appréhensions et de poursuites extérieures ne menant jamais à autre chose qu'à plus de misères et de douleurs.

En s'identifiant au mental, nous cherchons à organiser notre vie autours de l'idée que l'on se fait de soi-même. Aussi longtemps que nous laisserons le plan mental nous diriger, nous serons séparés, par ce fait, de l'étendue de la vie avec son ordre, sa pureté implacable et sa beauté immaculée. C'est dans le mental que prend place toutes tribulations, incertitudes, appréhensions, insécurités et peurs. Et ce sont ces sentiments antagonistes et de manque qui, à leurs tours, nous imposent un plus grand mécontentement, une plus grande insatisfaction avec ces recherches toujours plus exaspérées de trouver une voie de sortie mais en vain.

L'esprit s'édifie à travers la recherche de quelque chose qui devrait arriver ou se passer et de cette façon, il entretient le besoin de trouver, de se réaliser, d'accomplir et d'assouvir. C'est comme cela que le temps prend son emprise sur nos vies; ce qui voile le but véritable de la vie qui est de parfaire notre déploiement, notre liberté dans le Tout universel. Tant que l'esprit s'accrochera à hier et cherchera des réponses à ses questionnements, ce qui crée le futur, la vie ne sera pas autre chose qu'une suite d'expériences et d'épreuves à franchir, sans jamais en voir la fin.

L'esprit non éveillé, qui ignore les processus élémentaires du "moi" s'assombrit dans la suite des naissances et des morts. Une naissance fait place à de nouvelles possibilités illusoires d'expansions et la mort nous replace en face de là où nous en sommes réellement avec nous-mêmes, dans notre évolution spirituelle. Ce qui nous est nécessaire, dans ce vaste monde matériel où la conscience commence à peine à s'éveiller à un principe supérieur d'existence, est d'insister sur un état d'éveil impartial. C'est un éveil non pas en rapport avec quelque chose en particulier, comme extérieur à soi, faisant l'objet d'une recherche, d'une analyse ou d'une exigence quelconque, mais bien un éveil par rapport à aucun objet extérieur ou intérieur. C'est un éveil face au Sujet véritable et immanent en chacun de nous.

Il est faux de croire que c'est dans la recherche d'une réponse à nos questionnements, que nous trouvons le repos de notre âme. Notre esprit engendre le sentiment d'incomplétude de l'être de par ces incessantes poursuites; et c'est essentiellement à cause de ses réactions, de ses tâtonnements, qu'il crée le problème. Lorsqu'il est dit que le problème n'est nulle part ailleurs qu'à l'intérieur de nous, ou que la solution d'un problème se trouve à l'intérieur de nous, cela signifie que notre esprit en est lui-même la cause, de par une approche fragmentaire de lui-même.

Cette entité même qui se propose de régler tout problème, ou de gérer la vie comme telle, est elle-même une projection mentale qui fait naître la division à l'intérieur, de même qu'à l'extérieur de nous. Cette division est la cause de tous les problèmes et l'origine de tous questionnements, de toutes attentes, de la recherche même du but de la vie. Cependant, notre genre de vie est entièrement faux et mène à l'illusion. Nous fragmentons notre vie entre ce qui existe vraiment et ce qui devrait exister pendant que nous voilons la vérité de ce que nous sommes dans le moment en tant que conscience indépendante.

Nous nous préoccupons de régler les difficultés de notre vie quand ce sont ces mêmes préoccupations qui engendrent les problèmes. Cela donne suite à toutes sortes de recherches d'aides, ou de bonheur qui, au contraire, multiplient la difficulté de vivre. L'aide que l'on peut trouver ne viendra certainement pas de l'extérieur. Et même si nous trouvons quelque semblant de bien-être extérieur, cela fait place à la dépendance, à l'attachement qui, par ailleurs, nous fait connaître la peur de perdre, d'être délaissé et puis survient aussi toute forme de dépression et de manipulation. Mais cela aussi a un terme. La vie finit par nous remettre en face de notre manque et nous contraint à réaliser que, finalement, il nous faut aller au-delà du mental.

La vie exige de l'esprit un travail intérieur pour que se poursuive l'évolution des plans de la création. C'est en ce sens qu'il est dit que le Tout-puissant est d'un amour infini et qu'il recouvre, de cet amour, tous les êtres de la création. Par ailleurs, il nous est donné des enseignements de toutes parts, nous n'avons qu'à être silencieusement attentif à tout ce qui se passe en nous et autour de nous pour réaliser que c'est dans la simplicité de notre esprit que nous retrouvons, effectivement, tout enseignement dont nous avons besoin.

La vérité est que nous ne sommes pas ce que nous croyons être. Notre conscience est, en partie, la résultante des choses d'hier et des expériences et connaissances du passé. Mais cela non plus ne constitue pas la réalité inébranlable de notre être profond. Ce n'est qu'une partie, qu'un infime maillon participant à une chaîne d'évolution immensément vaste qui ne peut être comprise et conçue à l'intérieur du seul plan mental.

Suivre la voie de la simplicité est la plus grande voie qui puisse être suivie. Nous dénigrons les choses les plus simples, parce que notre esprit est insatisfait et mécontent de lui-même. Pourtant, c'est lorsque nous nous ouvrons aux choses les plus simples, que nous nous ouvrons aux choses les plus grandes. Notre conscience n'est pas essentiellement nôtre. C'est ce qu'il nous est difficile de comprendre. Ce n'est pas notre volonté personnelle qui puisse être amenée à comprendre cela; mais c'est lorsque nous suivons la voie de la simplicité, que la vie, comme elle est, trouve le moyen de s'exprimer à travers nous. Et c'est comme cela que la compréhension de notre essence profonde nous est révélée.

La vie s'exprime librement, révélant toutes ses dimensions, de même que son infini, indépendamment de notre ignorance ou de notre inconscience. Lorsque notre ignorance se dissout dans la voie de la simplicité, la conscience prend son envol et nous révèle l'existence cachée de toutes choses. De même, cette conscience accrue, recouvrant tous horizons, toutes dimensions, recouvre aussi tous espaces comme touts temps. La voie de la simplicité s'ouvre dans un présent immuable et immobile, là où le temps et l'espace s'effacent et où se révèle l'infini de la vie. Le temps est autant notre création qu'il est une création de l'infini.

Dans la voie de la simplicité, la dualité entre le temps et le non-temps, entre la forme et la non-forme fait place à ce qui ne peut être nommé; mais qui représente la plus haute conscience. C'est la conscience de toutes les consciences, de même que de toutes les inconsciences. La voie de la simplicité ne résout aucun problème mais enraye tout besoin de résoudre quoi que ce soi. Tout problème naît de ce que nous cherchons des réponses à nos questionnements ou nos attentes. Lorsqu'il n'y a aucune attente ou aucun questionnement, il n'y a aucun besoin de trouver quoi que ce soit, de trouver quelque réponse que ce soit. L'esprit est libéré du mental.

Toute difficulté naît de notre esprit et lorsque cet esprit mensonger n'est plus, il n'y a plus de problème. Nous vivons dans des ombres et poursuivons des ombres. Nous sommes des fantômes; esprits errants en quête d'un mirage. La voie de la simplicité nous met en relation directe avec l'ordre absolu de l'entière création. Et lorsque nous sommes à son écoute, nous suivons le chemin que nous devons suivre et tout entre en place.

Toutes les parties de notre être sont reliées par des centres d'énergie et par là, ils représentent des centres de conscience. En étant entier, toutes parties de notre être s'éveillent et s'alignent et se fondent dans l'infini de la vie supra-intelligente. La raison de notre vie est de nous ouvrir à notre liberté déjà existante et, subséquemment, de l'intégrer, de l'incarner au quotidien jusqu'à ce qu'il n'y ait plus de possibilité de doute quant à l'immuabilité de cette liberté.

Chapitre XXII

En tout temps de notre vie l'esprit doit être prêt à une seule chose, quitter ce monde. Quitter les objets d'attachement, les relations égotiques et les habitudes de vie, d'agir et de penser. L'esprit ne peut à la fois partir et rester. Il lui faut méditer sur l'essence des choses et comprendre que toutes choses, comme tous esprits, naissent de la Totalité et retournent à la Totalité; qu'il n'y a que la Totalité.

Nos facultés sensorielles, de même que notre intellect, nous font entrevoir un monde d'apparences et de fragmentations auquel nous accordons une réalité qu'il n'a point. Et c'est là que nous nous illusionnons et nous assombrissons sous le poids de la confusion, de la souffrance et du désir sans fin.

Être prêt à quitter ce monde, signifie non pas simplement que nous refusons une forme d'existence pour embrasser une autre à laquelle on attribue une valeur plus noble, ou qui se résume en une apparence de détachement, mais plutôt que nous cessons de chérir toute opinion que ce soit sur ce qui apparaît comme le monde et notre existence.

Nous devons être capables d'une agilité et subtilité de l'esprit nous permettant d'entrevoir une véritable indépendance face à toute idée préconçue sur la réalité. Nous devons retrouver en soi-même notre propre sens de bien-être et de liberté. Sans cela, quoi que nous fassions, que nous nous entourions de gens ou de choses, ou que nous nous isolions des gens ou des choses, cela ne changera en rien notre état de servitude et par conséquent, de souffrance.

Renoncer au monde ne signifie pas que nous refusons de vivre sur le plan physique, mais concerne plutôt un détachement psychique qui ni ne nous retient en ce monde, ni ne nous fait refuser ce monde. Ce détachement psychique est ce qu'il y a de plus important. Car non seulement nous permet-il de retrouver notre indépendance totale face à ce monde, mais nous permet d'autant plus d'y vivre sans en être asservis ou même affecté.

De même que nous appartenons à un plan psychique où nous devons conquérir notre liberté et retrouver cette union consciente avec le tout, nous pouvons aussi nous trouver sur un plan physique et suivre les lois naturelles le concernant. Non seulement pouvons-nous vivre sans aucune difficulté sur le plan physique, mais nous trouvons aussi les moyens de l'assumer avec acuité sans égal et de façon totalement naturelle; en harmonie parfaite avec la Terre entière et avec tout ce qui s'y trouve.

Assumer de vivre sur la Terre signifie que nous apprenons à vivre en harmonie avec elle, tout en la respectant et en la soignant également. En même temps que nous devons apprendre à nous servir de ce qu'elle nous offre, nous devons apprendre à la servir de la même façon. Nous nous devons d'apprendre à collaborer avec elle et à en prendre soin. En fait, il n'y a pas grand-chose à inventer, la nature peut nous fournir tout ce dont nous avons besoin pour vivre, mais nous devons apprendre à la connaître et à la considérer comme une alliée et non grossièrement comme quelque chose que l'on puisse abuser et détruire. Cela c'est la vanité et l'arrogance, en somme la condition pathétique de l'esprit humain.

L'esprit humain doit s'évertuer à observer les choses telles qu'elles sont, sans les analyser, de façon à percevoir le pouvoir qui est derrière toute manifestation. Retrouver ce processus créateur, c'est trouver l'essence de toutes choses, de même que le but de toutes choses. Et lorsque notre esprit est capable d'une telle compréhension, il lui est donné de voir l'organisation systématique des choses dans tous les plans de la création, de même que leur enchaînement dans l'expansion de la totalité de l'univers matériel et spirituel. Lorsqu'une telle perception s'ouvre à lui, le monde physique comme le monde psychique ne constitue plus une dualité en laquelle l'esprit ignorant se débat sans cesse. Dans la création entière, il n'y a rien qui n'ait pas sa place. Cela le mental ne peut le comprendre. Mais cette compréhension peut surgir par elle-même en allant au-delà du mental et en reconnaissant ce qui, déjà, est immanent en soi, en tant que réalité immuable et absolue.

Si nous sommes dans un monde physique, nous ne devons point chercher à nous en écarter en pensant que nous favoriserons ainsi notre développement psychique, mais plutôt nous consacrer simplement à l'écoute de la façon que nous pensons ou agissons à travers les imprévus de la vie quotidienne. C'est pour cela que nous sommes ici; de façon à ce que nous devenions conscients plutôt que de rester inconscients et gouvernés par les lois grossières et physiques du plan terrestre.

Nous devons moins nous préoccuper d'aller dans une direction ou une autre que d'observer avec toute notre intensité les choses de notre vie psychique comme de notre vie physique. Cette observation impartiale, non discriminative, est ce qui est essentiel. Non simplement cette vigilance nous ouvre-t-elle à une plus haute forme de présence, mais en même temps, à la façon la plus simple et la plus naturelle de vivre sur ce plan physique. En fait, notre esprit doit s'éveiller à l'univers de la non-dualité. C'est-à-dire à un univers où la matière et l'esprit se fondent en une seule et même chose.

Pour l'esprit de totalité, la forme comme la non-forme sont une seule et même chose. La vie physique comme la vie spirituelle sont aussi une illusion. Nous pouvons vivre en ce monde, être au beau milieu de n'importe quoi sans pour autant perdre de notre subtile liberté psychique. Le détachement réel est une liberté absolue qui ne nous empêche en rien de vivre dans quelque monde que ce soit, ou d'être là où on est en ce moment, quelle que soit notre situation.

Que nous soyons dans un univers psychique ou physique, pour l'esprit réellement libre, cela ne fait aucune différence. Les choses vont leur cours d'une façon ou d'une autre et tout prend place qui doit prendre place. Pour l'esprit prisonnier de la matière, il lui devient nécessaire de s'élever et de tendre à cela qui est sans forme. Mais pour l'esprit réellement éveillé et donc libre, l'univers se résume à ce qui n'est ni forme, ni non-forme mais qui n'empêche ni l'une, ni l'autre mais les contient toutes les deux sans en faire de distinction.

Pour l'esprit en état d'éveil, aucun état ne constitue un absolu, sinon celui que l'on crée pour soi-même dans l'idée que l'on se fait des choses. C'est pourquoi il est plus important d'être éveillé à la façon que nous tendons à nous cristalliser dans nos idées, que de s'évertuer à renoncer à un monde physique sous prétexte d'embrasser une vie spirituelle. Cela est la vielle façon de concevoir les choses. Cela vient de l'esprit encore prisonnier de la matière en quête de quelque chose de plus haut. C'est ce que nous pouvons appeler l'éveil de l'esprit dans la matière.

Il n'est pas nécessaire de suivre aucun chemin. Mais il est possible à quiconque de cultiver la présence à soi, quelle que soit la pratique spirituelle de chacun. C'est cela le chemin le plus direct et en fait, le plus noble. C'est le chemin qui nous uni aux choses comme elles sont organisées en rapport avec tous les plans de la création.

La plus haute forme de méditation ou même de pratique, concerne la vigilance au présent. Cette vigilance nous permet d'être prêt à quitter, en tout moment, ce monde dans lequel nous vivons – un monde de notre propre fabrication. Un tel état de conscience est en lui-même l'esprit éveillé et ultimement créateur. Pour lui, nul monde ne lui est fermé, nulle Terre et nul Ciel. Nous quittons le monde pour y retourner en toute liberté.

Pour l'esprit véritablement éveillé, la vie sur la Terre ne constitue pas une entrave, mais bien au contraire, il retourne sur la Terre et assume, comme nul autre, la vie qui y règne et de la façon la plus harmonieuse qui soit; c'est-à-dire la façon naturelle. Il en devient le serviteur par ce qu'il est maître de lui-même. Nous trouvons davantage de joie à vivre en ce monde physique, car nous trouvons l'occasion d'unir deux pôles universels. D'autre part, si nous sommes ici, sur ce plan terrestre, c'est parce que c'est ici que nous devons être et par conséquent, c'est ici qu'il y a encore des leçons à apprendre. Alors dénigrer le plan terrestre sous prétexte de vouloir vivre une vie spirituelle est une hypocrisie.

Point n'est besoin de refuser quelque monde que ce soit. La libération réside à l'intérieur de nous, en esprit.

Chapitre XXIII

Pour pouvoir suivre le mouvement de la pensée et comprendre son mécanisme autours duquel s'entretient le "moi", nous devons être capables de prendre certaines distances, de même que réduire l'activité excessive de notre pensée. C'est comme de vouloir observer rouler un train; pour vraiment le voir en mouvement, celui-ci doit rouler ni trop vite, ni trop lent. S'il ne bouge pas, nous ne voyons qu'un aspect du train et s'il roule trop vite, nous ne pouvons plus voir les détails. Pour ce qui est d'observer le mouvement de la pensée, c'est la même chose. Essayer de ne point penser ne nous permettra pas de comprendre la pensée. Et si nous lui laissons libre cours, c'est-à-dire la laisser prendre possession de notre attention, nous perdons nos esprits.

La plupart du temps nous agissons ou pensons sans prendre le temps de s'écouter. Alors une réaction passe à une autre réaction, une pensée à une autre et finalement nous en venons à perdre le contrôle et à faire ou penser des choses sans savoir pourquoi et sans pouvoir nous en empêcher. Pour comprendre pourquoi nous pensons d'une façon ou d'une autre, ou pourquoi nous nous conduisons d'une façon ou d'une autre, l'esprit doit être présent à lui-même. Alors il nous faut nous laisser penser, mais sans laisser la pensée nous diriger.

Observer le mouvement de la pensée signifie que nous adoptons un état de réflexion où toutes choses, précisément, se reflètent telles qu'elles sont – exactement comme dans un miroir. Que nous ayons l'air de ceci ou de cela, le miroir lui, nous reflète tels que nous sommes. Il n'est point possible d'essayer de voir autre chose ou de rejeter l'image qu'il reflète. Et c'est lorsque nous nous observons de cette façon impartiale, qu'effectivement, il est possible de suivre le mouvement de notre esprit tel qu'il est. C'est en suivant ainsi le mouvement de notre esprit que nous parvenons à le comprendre. En fait, il n'y a pas de division ou d'espace entre l'état d'observation et la compréhension de notre esprit. Alors il est plus important de savoir comment observer que de se préoccuper de ce qui est observé. Autrement dit, il est plus important d'être à l'écoute de l'observateur que de nous préoccuper par l'objet observé.

C'est selon la capacité de l'esprit à observer les choses comme elles sont, que nous parvenons à la compréhension de soi-même. Ce ne sont pas des choses distinctes. La compréhension va de pair avec l'observation impartiale des choses et du mouvement de notre pensée. Autant il est mauvais de se laisser aller à penser n'importe quoi, autant il est fautif d'essayer de ne point penser. De plus, l'entité qui se propose d'agir d'une sorte ou d'une autre sur la pensée, est elle-même un produit de la pensée. De sorte que finalement nous ne sommes point dans un état d'observation, mais plutôt dans un état de réaction. Nous réagissons à travers le mouvement de la pensée ou à travers le flot de nos sentiments. Tenter de se connaître à travers le raisonnement n'est pas observer; c'est encore la pensée qui cherche à maintenir sa continuité dans le temps et ainsi à consolider le sens du "moi".

À travers l'analyse, l'esprit se divise en observateur et en objet observé. Mais la réalité est qu'il n'y a pas de division réelle entre l'observateur et l'objet observé. Et aussi longtemps que nous pensons une chose ou une autre par rapport à l'objet observé, nous nous éloignons de la possibilité, pour nous, de comprendre les faits dans tout ce qu'ils sont et comme ils sont. Nous finissons par nous perdre dans un labyrinthe d'idées et notre lien avec la réalité s'en trouve obscurcit. Pourquoi perdons-nous notre temps à nous argumenter sur toutes choses? Notre esprit n'est pas libre et pour être libre nous devons être dans un état d'observation des plus aigus, une observation détachée et sans objet.

De même que l'esprit ne peut être libre qu'à travers l'observation impartiale des phénomènes, il ne peut aussi accéder à la compréhension sans observation impartiale. La compréhension va de pair avec l'observation des choses telles qu'elles sont. C'est en cela que l'esprit se trouve libre. Et non seulement devient-il libre de toute limitation, mais il acquiert un sens d'équilibre et de maîtrise sur tout son univers. La maîtrise sur soi-même s'établit de plus en plus en fonction de notre habilité à simplement demeurer présent. Cette pratique finit par devenir un état d'être naturel.

Être capable de voir instantanément les jeux de notre esprit comme ceux des autres, c'est savoir à quoi nous en tenir. Par ailleurs, essayer de maîtriser le mouvement de notre pensée ou de nos sentiments, ne nous mènent pas à la vraie maîtrise. Quelques fois nous nous rendons compte que nous ne devons pas faire telle ou telle chose et notre réaction immédiate est d'essayer, par la suppression, de nous empêcher d'agir ainsi. Comme conséquence nous renforçons cela même dont nous voulons nous libérer. Nous nous trouvons portés à faire la même chose qu'avant sans pouvoir nous en empêcher, ou bien nous substituons telle chose pour une autre et nous devenons aussi dépendants de cette même chose qu'auparavant. L'esprit doit prendre le temps d'observer et s'il le faut, il peut prendre les dispositions nécessaires pour s'aider à être à l'écoute de lui-même.

Lorsque la compréhension se fait jour, nous savons à quoi nous en tenir et nous savons quelles sont les dispositions mentales nécessaires à prendre pour nous tenir à l'écart de ce qui nous crée des obstacles. Mais cela est secondaire. Ce que nous faisons extérieurement est de seconde importance. Il est absolument essentiel de rester fidèle à l'essentiel. Si nous pouvons faire cela, tout le reste s'agglomère autours de cette force intérieure d'éveil et nous nous trouvons, spontanément, à faire les choses au bon temps et au bon moment et comme il se doit, en relation directe avec notre état de silence et de tranquillité intérieure.

Si nous sommes en paix avec nous-mêmes, nous serons aussi en paix avec le monde. Si nous avons la paix de notre esprit, nous aurons une vie paisible. Mais il nous appartient de retrouver une maîtrise sur notre vie dans la façon que nous abordons les choses. Plus nous nous maîtrisons ainsi, plus il y aura de chance que la vie extérieure reflète cette maîtrise. La vie que nous avons est la réflexion de la vie que nous menons en esprit. Et ce n'est pas dans la forme que nous percevons cela, mais dans le contenu, dans la façon que l'on se sent intérieurement. Lorsque l'on se sent bien intérieurement sans cause extérieure, nous savons que nous nous trouvons dans le bon état d'esprit et cela affecte directement l'organisation générale de notre vie.

Que nous soyons hommes de sciences ou simples paysans, que nous ayons une famille ou que nous soyons moines, cela est extérieur. Nous pouvons très bien avoir une famille et être parfaitement en paix avec soi-même et avec les autres, et embrasser par là une dimension hautement spirituelle; comme nous pouvons quitter le monde et se cloîtrer dans un monastère sans pour autant avoir l'esprit tranquille. Nous pouvons très bien nous retrouver au beau milieu d'une grande ville et avoir l'esprit totalement silencieux, comme nous pouvons être sur le sommet d'une montagne en posture de méditation et avoir l'esprit agité. Le contraire est aussi vrai. Ce qui est dit ici, est que la capacité d'être attentif n'est pas nécessairement brimée ou favorisée par la vie que nous menons. Cette capacité réside à l'intérieur de nous et il n'appartient qu'à nous, intérieurement, en esprit, de travailler là-dessus et c'est cela qui fait toute la différence au bout du compte ou à long terme et pas autrement.

Que nous choisissions de vivre d'une façon ou d'une autre est secondaire. Mais que nous cultivions l'observation impartiale est primordiale. Cet état d'attention apporte l'harmonie à l'intérieur comme à l'extérieur. C'est une union qui s'établit avec la conscience totale – laquelle seule tient tout ensemble parfaitement.

En étant à l'écoute de ce qui est, la vie trouve une voie d'expansion. Pour pouvoir se connaître soi-même, il faut pouvoir s'observer de façon détachée. C'est le moyen le plus sûr et le plus direct. Sans cela, tout autre chemin mène à davantage de souffrance. Que ce soit dans les chemins de ce monde ou à l'extérieur de ce monde, il n'y a pas vraiment de différence; même si quelques fois, il est préférable de nous tenir loin du monde… Mais lorsque l'esprit se dévoue entièrement à l'écoute des choses telles qu'elles sont, alors il peut trouver la maîtrise sur lui-même de façon à ne plus faire qu'un avec la voie et la vie.

Chapitre XXIV

Lorsque nous sommes à l'écoute de ce qui se passe en nous et autour de nous, sans s'empresser de penser ou de faire une chose ou une autre, de même que lorsque nous calmons notre dialogue intérieur, nous devenons sensibles à la qualité supérieure de la vie.

Bien que nous n'accordions pas tant d'importance à la vie qui nous entoure, au mouvement des êtres qui peuplent la Terre, aux vols d'oiseaux, aux mélodies qui émanent des eaux et des vastes forêts, nous sentons quand même qu'il y a quelque chose qui se meut indépendamment de ce que l'on peut bien penser. Ce mouvement embrasse toutes choses et va son chemin en suivant un ordre implacable. Cet ordre est l'expression d'une intelligence qui surpasse toutes choses et les contrôle entièrement. Même nos activités de tous les jours en sont l'expression et contribuent au dessein à tout jamais inconnu par nous, les êtres humains. Cette intelligence supérieure appartient à un domaine où seul l'esprit hautement sensible et éveillé peut y accéder. N'entre pas qui veut. Cette dimension extraordinaire est réservée à l'esprit parfaitement conscient de sa nature véritable et en maîtrise de lui-même.

Pour se rapprocher d'une telle maîtrise, l'esprit doit être sensible à l'énergie qui circule en lui, comme dans l'univers, de façon à connaître les voies menant au Principe Suprême;

tout comme avec celles qui se perdent dans les mondes obscurs et inextricables. Il est absolument impossible à l'esprit de s'éveiller à l'intelligence supérieure sans avoir, en quelque sorte, parvenu à un parfait contrôle de son mental.

Si nous pouvons travailler sur le pouvoir d'attention, nous pouvons nous ouvrir à la perception de la réalité et y entrevoir les divers mouvements d'énergie qui sont là, à contrôler, à enligner toutes choses. Non simplement ces mouvements contrôlent-ils absolument toute la nature, mais affectent aussi le mouvement de notre propre esprit. Toutes nos actions, comme toutes nos pensées en sont influencées. Non pas que nous soyons entièrement à la merci de ces forces extérieures, mais c'est par rapport aux énergies que nous entretenons à l'intérieur de nous qui font que nous attirons tel ou tel courant d'énergie. Et par-dessus tout, ces mouvements d'énergie existent autant à l'intérieur de nous, influencés par notre propre approche des choses, comme ils existent à l'extérieur de nous, faisant partie d'un vaste courant d'énergie évolutif qui maintient l'ordre dans l'univers. D'autre part, toutes les forces de l'univers coexistent parallèlement. C'est-à-dire que tous niveaux de vibration sont liés entre eux. C'est pourquoi nous pouvons autant être affectés par un niveau de vibration que par un autre. Et ce qui nous rapproche plus de l'un que de l'autre, dépend de notre attitude à l'égard de la vie dans son sens large. Ce qui se présente à nous dans la vie ne se sépare pas de la façon que nous la concevons et de la façon avec laquelle nous pensons.

Si nous reconnaissons le pouvoir extraordinaire qui réside en toutes choses, de même qu'à l'intérieur de nous, nous réalisons que rien nous est impossible. S'ouvrir à ce pouvoir incommensurable nous ouvre à l'intelligence supérieure. Plus nous nous ouvrons à cette intelligence supérieure, plus nous nous ouvrons à notre propre univers intérieur qui contient des capacités infinies. Travailler en ce sens non seulement nous enrichi, mais affecte aussi le cours des événements de notre vie.

Ce qui se passe dans notre vie n'est pas un hasard, nous devons comprendre cela. Il nous faut devenir des êtres responsables face à ce qui se passe en nous et agir en conséquence pour soutenir l'éveil de la conscience. Et pour sentir profondément, réellement, cette responsabilité, nous devons nous appliquer à être attentif face à tout ce qui se passe dans un présent. C'est ici que se jouent toutes choses. Ce présent que nous morcelons en passé et futur, contient un univers de potentialités infinies.

Pouvoir vivre le présent de notre existence avec toute notre intensité, toute notre attention et tout notre amour, ne peut déboucher que sur un éveil face aux lois de toute la création et cela, du début à la fin. De même que le présent infini se vit et se perçoit à l'intérieur de la totalité de notre être, nous nous éveillons à l'intelligence supérieure lorsque notre esprit est libre de la pensée et reposant à sa source de conscience.

Qu'appelons-nous contrainte psychique? En se posant la question, nous observons notre vie de tous les jours et nous y voyons des obligations encombrantes d'un ordre matériel, nous empêchant ainsi de mener une vie paisible, simple et plus intérieure. En fait, ce qui se passe vraiment, est que plus nous négligeons d'être attentif face à ce qui se passe intérieurement et extérieurement, plus nous attirons des circonstances où nous n'avons pas d'autres choix que de nous

nous poser de sérieuses questions et à prendre les initiatives nécessaires pour remédier à cette situation. C'est nous qui nous mettons dans cette situation présente et il nous appartient d'en devenir parfaitement responsable. Ce n'est pas le hasard des choses et ce n'est pas la société ou le système qui est fait de cette façon; même si son but est de nous asservir. Et ce n'est pas à cause de l'expansion matérielle que nous avons à nous occuper sans cesse de choses matérielles. Nous organisons notre vie en rapport avec l'état d'esprit que nous entretenons. Plus nous apprenons à nous connaître, plus nous savons ce que nous voulons faire et ne pas faire de notre vie. Nous savons quel chemin suivre et quel chemin ne pas suivre et la vie en vient à refléter cette maturité intérieure.

Pour nous, la vie se résume au vaste champ d'expériences à travers lesquelles nous devons passer. C'est en ce sens que nous nous reconnaissons en tant qu'entités pensantes et aux prises avec toutes difficultés existentielles. Mais nous naissons dans un monde que nous voulons, afin de nous éprouver dans notre ignorance et face à ces limitations que le monde nous impose. Pour cette vie que nous choisissons d'avoir, le champ d'expériences à travers lequel nous devons passer est inévitable. Avec ces expériences, nous connaissons aussi la mort. Nous mourrons dans un monde et passons à un autre pour nous éprouver davantage. Nous voulons survivre dans un monde ou un autre et en même temps, nous ne voulons pas connaître la mort. Mais la mort suit toujours la naissance d'un monde. Et ce monde se crée à partir de notre propre volonté.

Tant que nous serons sous l'emprise du vouloir et du devenir, la mort existera, de même que la peur de la mort. En fait, nous courrons toujours après notre propre mort en cherchant la vie. Le champ d'expériences, positivement ou négativement, existe pour l'esprit qui se méconnaît. Mais cela est aussi parti intégrante des plans de la création. On n'y échappe pas à moins de s'éveiller à la nature réelle des choses et cela, à travers la méditation.

Nous devons dévouer notre vie à la méditation. Car après tout, plus nous adoptons une attitude méditative, plus nous nous ouvrons à la vie et plus celle-ci nous offre le tableau de l'organisation entière de ses plans. Les connaître, c'est aussi connaître que nous pouvons entièrement bouleverser le champ total de notre esprit comme de notre vie entière. C'est une transformation extraordinaire dont on ne peut avoir idée. Mais cela est bel et bien un fait.

Ce que nous appelons la méditation n'est, en aucune façon, ce que nous nous imaginons comme telle, de par ce que nous avons pu entendre dire à ce sujet. La méditation n'est pas une pratique à l'extérieur de nos vies de tous les jours. La méditation, dans le vrai sens du mot, c'est vider la conscience de son contenu pendant que nous nous tenons ferme au cœur de la conscience. Cela se fait à travers la présence à soi dans le cours quotidien des pensées et des actions.

Être attentif, c'est ne point attribuer toute l'importance à nos pensées ou à nos sentiments. C'est cesser de s'arrêter au superficiel pour se rapprocher de l'essentiel. C'est délaisser le détail pour s'ouvrir à l'ensemble. On délaisse les objets de pensées pour demeurer dans le sujet de ces mêmes pensées.

Pour l'esprit entièrement adonné au pouvoir de l'attention, il n'est plus besoin de passer à travers des expériences. Pour lui, nul monde objectif ne l'envoûte, c'est pourquoi la mort comme la naissance ne sont point des objets de préoccupation. Pour l'esprit éveillé, il n'y a plus d'emprisonnement dans le cycle des naissances et des morts. La création entière naît et renaît en cet éveil.

Chapitre XXV

Rien n'a d'existence séparée et indépendante, toutes choses comme tous les êtres puisent leur existence à travers la relation. Et cette relation ne se limite pas simplement entre une chose et une autre, entre un être et un autre, mais s'étend à l'infini, embrassant l'univers dans son entier. Exister signifie être en relation avec tout l'univers et par-dessus tout, avec l'origine même de tout cet univers – l'absolu.

Lorsque l'on entend dire que nous devons porter toute notre attention sur ce que nous vivons et sur tout ce qui nous entoure, c'est pour manifester notre reconnaissance envers le don sacré que nous offre la vie. Sans ce don sacré, nous ne pourrions subsister et nous n'aurions aucun sens des directions au niveau de l'âme. Nous appartenons entièrement à la vie et celle-ci nous prédestine un avenir qui sera assurément accompli malgré les choix que nous prendrons et malgré toutes les expériences et épreuves que nous aurons à traverser.

Ce que nous appelons "être en relation", en général, a rapport avec notre petite vie personnelle avec ses poursuites et désirs; ses ambitions, ses joies éphémères et ses peines, ses nécessités et ainsi de suite. Nous ne reconnaissons nos relations qu'à travers le champ limité de notre existence personnelle et ses tribulations. Il est rare que nous nous arrêtions sur l'origine de notre vie et de sa raison d'être. Non pas qu'il nous faille réfléchir ardemment là-dessus et que nous devrions absolument trouver des réponses, mais nous semblons trouver de la difficulté à simplement observer le vaste champ de la vie et d'entrevoir les liens qui existent entre toutes choses et particulièrement les liens qui existent entre notre esprit et les événements de notre vie.

Nous tendons à penser que lorsque l'on parle d'être à l'écoute de la voix intérieure, cela implique une activité mentale intense qui, non pas apporte plus de clarté, mais nous obscurcie davantage.

Nous préférons nous installer dans des habitudes de vie où on n'a pas de question à se poser et où on a pas à faire face aux imprévus de la vie. La vie dans son inconnu nous dérange et nous fait peur à la fois. C'est pourquoi nous avons la réaction instinctive de nous accrocher au connu et d'oublier que nous ayons à nous poser des questions sur le but réel de notre vie.

Bien que cela soit d'une simplicité étonnante, l'écoute de la voix intérieure n'implique aucun raisonnement, de même que nous n'avons aucunement à penser à changer notre vie d'aucune façon. C'est ce qu'il y a de plus secondaire. La vie n'exige pas de nous que nous compliquions les choses, ni que nous nous complaisions dans des habitudes de vie qui gardent notre "moi" bien en sécurité. D'autre part, plus nous voulons nous enraciner dans le connu et prospérer à un niveau matériel, plus nous invitons l'insécurité. Peut-être qu'à un certain niveau, rien ne puisse faire l'objet d'aucun questionnement, mais inconsciemment nous sentons un danger qui nous guette, une anxiété et incertitude profonde qui affectent comment nous voyons les choses.

Bien que nous n'ayons conscience des divers plans d'existence auxquels nous faisons partie et qui attendent notre éveil, nous avons quand même la conscience de notre "individualité" à laquelle, la plupart d'entre nous, accordons une fausse importance. Mais cela aussi fait partie des plans de la création mais seulement à un certain niveau d'intelligence – une intelligence limitée au sens du "moi".

C'est lorsque nous avons l'expérience de l'individualité que, d'une part, nous soyons poussés à l'égoïté et que d'autre part, nous soyons poussés à nous poser des questions sur le sens de notre vie à travers les problématiques que cette égoïté engendre nécessairement.

Tant que nous n'aurons pas atteint une telle conscience de notre individualité, nous ne serons pas placés en face de la nécessité de nous ouvrir à un concept d'existence encore plus étendu, plus universel. En fait, les conflits que l'humanité rencontre existent à seul fin de l'éveiller à une conception plus large de la vie. Certains se refusent à un tel éveil, un tel changement et courent ainsi à leur propre destruction tandis que d'autres, au contraire, invitent une telle ouverte où l'esprit reconnaît qu'il appartient à la vie dans son sens global et en laquelle l'esprit puise sa propre raison d'être. Dans l'un ou l'autre cas, l'esprit ne peut se détruire. Il peut détruire le monde dans lequel il est incarné, mais détruire l'esprit est une impossibilité. L'esprit appartient au dessein de la vie. C'est l'esprit de vérité qui habite en nous et qui poursuit son chemin malgré tout, par-delà notre connaissance à ce sujet. L'esprit de vérité est cette force immatérielle qui nous pousse constamment et assurément vers ce but qui lui appartient. C'est une force inimaginable et imperceptible par nos seules facultés sensorielles et mentales.

L'esprit de vérité est l'esprit sacré du Tout-puissant. C'est une volonté impénétrable, incontournable à laquelle nous sommes tous soumis. Que nous en soyons conscients ou non, cela ne change en rien le cours de l'évolution cosmique. D'ailleurs, plus nous en devenons conscients, plus nous nous y ouvrons et plus nous assumons nos tâches avec amour et reconnaissance. Par conséquent, la vie nous est aussi reconnaissante et pour l'esprit, il ne peut plus y avoir aucun doute, aucune peur. Bien au contraire, nous nous reconnaissons dans ce seul fait que nous appartenons entièrement au dessein du créateur et que le travail que nous accomplissons consciemment, est exclusivement pour la grande Cause. En cela nous trouvons notre récompense. Ce que l'on y trouve est l'accomplissement de notre destin dans la liberté d'être.

Notre éveil concerne l'éveil de toutes choses, comme de tous les êtres. C'est en esprit que tout cela se passe. Où que nous soyons, dans quelque monde que nous puissions être incarnés, le travail qui s'effectue et bouleverse vraiment, se trouve dans la qualité intérieure de notre esprit. Les choses qui nous entourent, les événements que nous rencontrons, les difficultés, les joies; tout cela n'existe que dans le but de refléter l'état intérieur de notre être afin que nous prenions la peine de nous regarder et d'apprendre sur nous-mêmes. Et lorsque nous apprenons sur nous-mêmes, nous entrons dans la danse de l'univers et participons à son organisation supra-consciente.

Quelle joie peut-on ressentir à occuper notre place au beau milieu d'un univers infini? Quelle réalisation peut-on trouver dans le fait d'aider consciemment l'évolution de l'entière création – du monde visible, matériel au monde invisible, immatériel? Tous peuvent comprendre qu'il y a un grand mérite à travailler pour la Grande cause; ce qui ne se compare pas avec un travail qui ne concerne que notre propre plaisir personnel au service d'une collectivité aussi inconsciente. Mais cela aussi n'est pas à dénigrer. Ce travail centré sur soi a aussi sa place dans les plans de la création. Par ailleurs, une chose à sa place, ne signifie pas pour autant qu'elle doit en rester là et qu'elle ne peut pas évoluer.

Pour observer une chose comme elle est, il faut pouvoir l'aimer. On ne cherche pas à comprendre notre esprit, comme la vie, sans en tout premier lieu l'aimer. Car aimer nous ouvre à la qualité supérieure de l'être et cela nous permet d'entretenir cette volonté Divine à l'œuvre derrière l'apparence des choses. On ne peut comprendre quelque chose simplement en s'arrêtant sur son apparence. Pour comprendre réellement une chose, ou comprendre un autre être, l'esprit doit pouvoir aimer et lorsque, effectivement, il s'ouvre à l'amour, tout s'expose; la vérité se tient là de façon magique et l'esprit transcende son ignorance, ses souffrances et ses luttes.

L'amour de la vie permet l'ouverture de l'esprit et lorsque celui-ci est ouvert, la vie n'a plus rien à lui cacher. L'esprit entre en contact avec cette volonté Divine et trouve une beauté indescriptible. Pour comprendre la vie et nous harmoniser avec elle, nous devons nous comprendre et trouver l'harmonie en nous-mêmes. Et ce qui seul nous conduit à cette ouverture, n'est autre que la présence à soi au cœur de l'amour inconditionnel.

Ce ne sont pas les autres qui commettent des erreurs, de même que ce n'est pas la vie qui est obscure, c'est nous-mêmes qui avons des conceptions erronées sur les autres ou sur la vie. Si nous nous ouvrons à l'amour inconditionnel, nous nous permettons de comprendre que toutes choses sont reliées entre elles et que la vie prend son sens dans l'état de relation.

Vivre, c'est être en relation avec la Totalité du monde visible et invisible. C'est la vie du Tout qui se cache derrière l'apparence des phénomènes; qui est l'existence même de ces phénomènes. La vie est un Tout.

Chapitre XXVI

L'essentielle réalité de l'existence se trouve dans le moment présent, mais pas de la façon qu'on le pense. Une partie de nous-mêmes nous lie à la Terre par sa façon d'accorder une tangibilité à la forme. Cette partie de soi-même se manifeste par la recherche de la connaissance et de l'expérience; ce qui permet à l'esprit de se connaître à travers la forme. Mais cette recherche expansive n'est liée qu'à un certain plan d'évolution de la conscience et circonscrit dans le champ gravitationnel de la Terre.

Nous regardons le monde à travers le niveau de conscience auquel nous appartenons. Ce que nous percevons, ce que nous pouvons comprendre se résume à notre champ relatif d'existence. La réalité sublime de la vie existe en ce moment même. Elle nous pousse à trouver la totalité de notre être et en constitue l'essence immuable. Notre esprit est appelé à s'ouvrir à cette seule réalité insondable et à trouver ses directions sur la Terre en fonction de cette réalité du moment présent.

L'intelligence supérieure, le grand Tout, existe dans ce présent et l'être humain, par ailleurs, tend à le nier dans son identification avec le monde phénoménal. Lorsque nous nous limitons à l'interprétation que l'on se fait des choses et du monde, nous devenons prisonniers du monde relatif, transitoire et phénoménal. La sécurité qu'on y cherche se transforme en lutte sans fin et en peur dévastatrice. C'est ce tiraillement constant qui est la cause de tous les déboires et les guerres en ce monde. Nous ne sommes pas des ennemis. Nous sommes l'ennemi de la vie elle-même. Et qui peut se dresser contre l'innommable?

Nos expériences et connaissances ne sont entrées en existence qu'à travers l'évolution de la matière animée d'un esprit encore trop jeune pour reconnaître son union avec le tout. À travers le champ de l'expérience, l'esprit développe un sens d'individualité pour entrer en dualité avec la vie, dans ce que l'on peut appeler la rencontre du temps et du non-temps. L'évolution de l'esprit se poursuit jusqu'à ce que la vie le mette en face de ses limites dans son identification avec son individualité. Cette évolution s'exprime à travers la douleur et l'antagonisme. Mais lorsque l'esprit rencontre sa propre dégénérescence, il y a indication qu'un changement de paradigme est à prendre place.

L'esprit passe d'une involution à une évolution et poursuit ainsi un mouvement expansif et infini dans la création. Le temps vient pourtant où l'esprit délaisse ses interprétations limitées et fausses sur la vie et apprend à reconnaître, en ce présent, la vérité le concernant.

L'esprit doit oublier le passé et en oubliant celui-ci, le futur, tel que conçu, perd aussi de sa signification linéaire. Le présent et le futur sont deux faces d'une même médaille. Pour penser au futur l'esprit doit s'identifier au passé. Pour penser au passé, l'esprit doit espérer à un futur. Cela va de soi. C'est l'enchaînement dans le temps et le serviteur de cette force involutive.

On n'expérimente pas le Tout-puissant. De même, la connaissance ne mène pas au Tout-puissant. L'expérience comme la connaissance sont liés au passé en projection du futur. L'esprit n'est donc pas libre. Et pour se trouver en union avec le Tout-puissant, l'esprit, doit être libre. Nous sommes appelés à vivre et à développer cette qualité supérieure de notre être, laquelle va de soi avec l'intuition. Lorsque nous nous appliquons à être réceptif et vigilant à la fois, nous nous ouvrons à la qualité supérieure de notre être et de cette façon, nous recevons les émanations du Tout-puissant.

Pour réussir sur le plan terrestre, l'esprit doit s'ouvrir à la vie spirituelle puisque tel est le but de l'incarnation de l'âme sur la Terre. Pour s'ouvrir à la qualité supérieure de la vie, l'esprit doit travailler en ce sens. Délaisser ses conceptions temporelles est le premier et dernier pas. Le Tout-puissant supervise toutes choses et est en toutes choses. C'est la réalité de l'être immuable derrière la forme. Percevoir la vacuité derrière le monde phénoménal est en soi l'ouverture de notre esprit sur l'être absolu.

Notre esprit trouve la félicité dans la réalisation du tout. Nous pouvons nous sentir heureux parce que toutes nos affaires matérielles vont bien; mais cela n'est pas la félicité. Si toutes nos affaires matérielles et nos relations ne s'écoulent plus comme nous le voulons, notre bonheur s'efface aussitôt. Ce que nous croyons être le bonheur ou l'amour est imprégné de son contraire, le malheur. Nous, êtres humains, nous nous balançons entre l'amour et la haine, la douceur et la dureté. La félicité, elle, est autre chose. Elle est sans objet et en dehors du temps; c'est sa beauté. Lorsque notre esprit plane au-dessus des eaux et de la Terre, il trouve la félicité. Tout s'accomplit en elle.

Que nous soyons des êtres incarnés ou désincarnés, sur la Terre ou dans le Ciel, cela appartient à la forme. Nul besoin de s'inquiéter de l'apparence que prend la vie. Dans la totalité de la vie, chaque chose prend sa place. Ce qui a lieu d'être fait se fait. C'est l'ouverture de l'esprit qui fait toute la différence. Ce n'est pas l'expansion matérielle ou intellectuelle qui fera la différence. De même, qu'il s'agisse d'une expansion matérielle ou intellectuelle et même spirituelle, cela n'est pas la fin ni le but. Cette expansion, quoi qu'il en soit, c'est la vie qui s'en occupe.

Nous sommes la porte à travers laquelle la création suit son cours. Nous sommes semblables à Dieu en ce sens que nous sommes entièrement responsables de toute la création dans notre façon de voir les choses. Si nous nous en tenons à nos conceptions temporelles, nous divisons la vie en temps et non-temps. Si nous poursuivons des recherches spirituelles en dénigrant l'existence matérielle, nous nous dupons davantage entre un monde matériel et un autre spirituel. Que nous cherchions une continuité dans un plan matériel ou spirituel, nous nous maintenons dans la dualité. L'action juste est l'action dans la non-action. C'est la vie spirituelle dans la vie matérielle. C'est l'acceptation de transcender notre monde conceptuel pour réaliser que la matière est aussi une illusion au même titre que la spiritualité. Rien n'a d'existence sinon dans la conscience.

La création est conçue par la conscience du Tout et ne peut être comprise qu'à travers le Tout. La création et le Tout sont une seule et même chose. Cela transcende tout raisonnement. Cela concerne la réalisation de l'esprit de Totalité. Qu'il y ait existence de la forme ou de la non-forme, cela est secondaire. Que nous sachions ou que nous ne sachions pas, cela aussi ne fait pas de différence. Ce qu'il y a lieu d'être su est su en temps et lieux. C'est l'esprit qui, dans son ouverture, reçoit les messages. C'est l'état de perception directe. Pas de clarté dans la vie sans un esprit dépouillé. De même, il n'y a pas de Dieu sans un esprit purifié.

Le problème de vivre naît, essentiellement, du fait que nous nous accrochons obstinément à nos interprétations face aux objets de perception. Il faut passer de l'objectif au subjectif, de l'objet au sujet, du personnel à l'universel, du relatif à l'absolu. Rien ne peut être caché à l'esprit libre et susceptible de transcender le poids du temps. La notion d'ouverture à la totalité de l'univers se clarifie sous l'observation impartiale de toute activité mentale, personnelle et égotique. Observer nos agissements, nos pensées se dérouler sans discrimination, sans désaccord ou approbation, nous conduit indirectement mais sûrement vers la sagesse.

La vie est d'une sagesse immuable. Dans l'ouverture de notre esprit, nous nous rapprochons de plus en plus d'elle. Pour grandir, il faut se diminuer et c'est lorsque finalement nous devenons ce rien que nous devenons toutes choses. C'est lorsque nous acceptons d'être les plus grands serviteurs de la vie, que nous trouvons le Dieu Tout-puissant tout à côté de nous. Désormais la créature et le créateur ne sont plus qu'une seule et même chose. Que l'esprit abandonne ses poursuites et expansions linéaires centrées sur lui-même, mais qu'il s'adonne, se dévoue, avec tout cœur, à servir la Grande cause.

Chapitre XXVII

Il est difficile d'envisager que nous puissions avoir un contrôle entier sur soi-même et donc sur notre existence. Un contrôle autant au niveau du monde physique, qu'au niveau du monde spirituel. Nous ignorons ce fait pour la simple raison que nous méconnaissons qui on est véritablement. Autant nous ignorons le lien qui unit notre corps physique à celui mental, autant nous ignorons le lien qui existe entre notre mental et notre esprit en tant qu'âme. La raison en est simple, nous n'avons pas appris à nous observer en toute objectivité et à prendre les initiatives nécessaires pouvant favoriser une telle observation détachée de soi-même et du monde dans lequel nous vivons. Évidemment, sans une observation aussi impersonnelle, nous ne pouvons pas nous transcender et percevoir la réalité comme elle est dans toute sa majesté et son organisation multidimensionnelle extraordinaire.

La perception extrasensorielle dépend de la sensibilité de notre esprit, à savoir s'il est susceptible de recevoir les émanations sans fin de la totalité de la vie.

Nous séjournons sur ce plan terrestre afin de passer à travers d'innombrables expériences pour nous sensibiliser davantage aux lois de l'univers auxquelles nous appartenons et en relation avec lesquelles nous pouvons nous éveiller encore plus haut dans ces cimes qui nous attendent. Et lorsque, effectivement, nous avons une vision claire du but ultime de la vie, le reste s'enchaîne et la magie de la vie commence. Cette magie ne concerne pas seulement un processus de transcendance et de transformation de soi-même, mais aussi l'éveil à un pouvoir de création que nous pouvons directement exercer sur nos vies.

Devenir les maîtres de notre univers nous semble une notion abstraite ou mal comprise. Le "moi" interprète cela à sa façon et s'imagine qu'avoir un contrôle sur notre vie se rapporte à une volonté de réussite personnelle, d'acquisition et de devenir pour pallier au vide intérieur. Mais cela n'a aucun rapport avec le contrôle en question. Le vrai contrôle vient avec la compréhension que la vie forme un tout et que s'est seulement en servant ce tout, que la plénitude de l'être peut, assurément, être trouvée.

Si nous croyons fermement au pouvoir incommensurable qui est derrière la totalité de la création et si nous concentrons notre attention sur un but que l'on sait noble et passible d'amener un plus grand bien dans le monde, alors il n'y a rien qui puisse empêcher cette réalisation. Si nous persistons dans une volonté d'action positive, sans entretenir le moindre doute, absolument rien ne peut contrecarrer cette réalisation. C'est la magie de la vie.

La seule difficulté réside dans le fait que nous sommes asservis par notre "moi". C'est le "moi" qui restreint nos habilités à voir toujours plus loin et à grandir en intelligence et lumière. Notre "moi" s'accroche au connu et ne peut concevoir la possibilité que les choses puissent être autrement. Notre "moi" nous maintien dans une forme matérielle, mentale sans laquelle nous serions perdus, sans direction au beau milieu d'un vide insondable. Mais ce vide insondable existe comme tel, du fait de la forme dans laquelle nous nous emprisonnons. Et lorsque nous disons que le chemin initiatique menant à notre éveil est difficile, c'est parce que nous sommes trop identifiés et attachés à nos pensées et convaincus que nous sommes ce corps physique. La difficulté n'est pas la réalisation de notre nature Divine, mais bien de transcender l'esprit égotique. La Divinité nous éclaire de toute sa magnificence et dans son pouvoir de transmuer et de créer à l'infini.

Rien ne peut nous maintenir dans les enfers sinon notre propre volonté de ne pas aller au-delà des limitations que l'on s'impose. De même, ce qui nous apparaît si infernal, n'est autre que notre incapacité de voir plus loin. Car pour l'univers, rien n'a une telle réalité. Il n'y a pas plus d'enfer que de paradis. Pas plus de malheur que de bonheur. Pas plus d'ignorance que d'intelligence. Mais là, l'esprit fait un grand saut. Encore une fois, c'est le don que nous fait le créateur. La magie de la vie embrassant toute moindre particule énergétique.

Se soucier de changer notre vie à l'extérieur est de seconde importance. Ce qui est plutôt de première importance, est de changer notre vie à l'intérieur. Alors seulement nous pourrons voir un changement prendre place à l'extérieur. Et c'est cela qui doit attirer toute notre attention. Nous devons y veiller continuellement sans en faire une fixation jusqu'à ce que cela devienne naturel.

C'est lorsque nous réalisons que nous dormons que nous pouvons nous éveiller. Et avec cet éveil, nous nous émerveillons devant ce spectacle infini qui défile par lui-même sous nos yeux. Et à la fin, comme au commencement, nous comprenons que cela a toujours été et sera toujours.

Notre vie extérieure est le reflet de notre vie intérieure. Pour espérer trouver une clarté extérieure, un bien être extérieur, il faut pouvoir se prédisposer à un bien être intérieur en premier lieux. Et lorsque, effectivement, nous nous appliquons à l'écoute inconditionnelle de soi-même, nous réalisons que cette écoute est aussi l'expression d'un amour universel qui relie non seulement notre propre existence à l'entière organisation supra-intelligente de l'univers, mais aussi à l'action créative de l'univers entier dont nous devenons responsables. Le deux devient l'Un. Le nous s'efface pour faire place à l'unité de l'être. Le multiple devient l'Un. L'Un devient le multiple.

C'est l'ouverture de l'esprit qui nous libère de toutes misères. Le monde n'existe pas plus que nos propres résistances. Le monde est le reflet de nos résistances. Rien n'a d'existence absolue sinon Cela qui n'a ni début ni fin. Il faut se demander si, ce qui se promène dans notre tête, a un début ou non. Toute réponse se tient là, à l'orée de l'œil intérieur. Que l'esprit veille à ce que toute moindre pensée et émotion soit contenue dans cette écoute silencieuse. Cette écoute est la clé à toute solution. Cette écoute résume le pouvoir qui nous a été donné pour nous émerveiller de la transparence de toutes choses.

Il y aura toujours le multiple, comme il y aura toujours l'Un. Que l'esprit abandonne l'idée du multiple et l'Un lui apparaîtra dans toute sa simplicité et sa gloire. L'esprit qui s'unit à l'unité réalise la plus grande ambition, découvre le plus grand secret qui n'ait existé. Mais cette réalisation ne peut faire l'objet d'une acquisition égotique. Nous pouvons nous rendre très loin dans l'expression de notre conscience, mais jamais aussi loin que cet infini qui réside au pied de notre porte.

En même temps que cette expansion infinie puisse se poursuivre, l'esprit doit demeurer immobile. Au beau milieu d'un océan tumultueux, l'esprit doit se tenir ferme et seul. Alors, dans cette solitude intime, le Grand esprit nous parle et nous entretient de l'amour infini qui émane de partout.

Chapitre XXVIII

Bien que nous ayons des désirs, des ambitions, des intérêts particuliers, bien que nous cherchions à nous faire une place en ce monde, de quelque façon que ce soit, il demeure que ce n'est pas exactement nous, ce "moi" dont nous avons si superficiellement conscience, qui nous fait penser et agir ainsi.

Que nous ayons une grande idée de soi ou une toute petite, que nous ayons passé à travers nombres d'expériences ou peu, que nous ayons beaucoup étudié ou pas, quelle que soit notre position sociale, cela n'altère pas le fait que c'est l'esprit profond et dont nous n'avons pratiquement pas conscience, qui est à l'origine de toutes ces expériences qui vont et viennent dans notre vie.

La connaissance que nous avons de nous-mêmes demeure à la surface. Elle concerne les différentes expressions extérieures de notre "moi" terrestre et ne va pas plus loin. En effet, lorsque nous nous éveillons à la réalité de notre être réel, profond, il ne s'agit plus simplement de connaissances ou d'expériences. Cet éveil concerne un état d'être duquel une perspective globale et universelle de la vie peut émerger.

Lorsque nous réalisons à quel point nous sommes influencés du dehors en pensée et comment, de cette façon, nos pensées ne sont pas nos pensées, mais celles de la collectivité, nous réalisons aussi la nécessité de s'ouvrir à une dimension supérieure de conscience où justement nous pouvons trouver une maîtrise sur nous-mêmes. Et cela, non simplement pour le bienfait de la maîtrise elle-même, mais aussi et surtout pour parfaire le cycle cosmique évolutif de la conscience universelle.

Que nous ayons à passer à travers tous les malheurs, les souffrances ou tous les bonheurs, cela constitue le développement de notre être personnalisé afin que le principe intelligent, en nous, puisse poursuive son œuvre à travers les mondes manifestés pour sa propre expansion cyclique et systématique. Cette réalisation prend place dans l'esprit de vie universel qui habite en nous, que nous le sachions ou non.

Plus nous apportons de la présence dans notre regard sur tout ce qui se manifeste dans notre vie, sur le plan extérieur comme sur le plan intérieur, plus nous nous rapprochons de la vérité absolue. En se donnant corps et âme à la présence à soi dans le cours du quotidien, on se rapproche de l'essence de toute chose. Cet état de présence accrue seul ouvre la porte à la lumière de vie éternelle.

Pour s'ouvrir à la reconnaissance de la conscience universelle à l'intérieur, l'esprit n'a qu'à taire le mental et à demeurer simplement et hautement présent en cœur et en âme. Et lorsque nous apercevons un monde plus vaste qui s'ouvre devant nous, nous nous éveillons aussi à l'existence de niveaux de conscience encore et toujours plus hauts.

L'esprit s'élève à ces hauteurs pour se joindre à cet univers sublime où non seulement nous trouvons la présence du Très Haut, mais où, simultanément, nous trouvons aussi alignés les divers corps composants autant notre dimension terrestre que cosmique. Par conséquent, nous nous manifestons en tant que divinité céleste en même temps que divinité terrestre. C'est l'incarnation d'un corps de lumière infilté par l'esprit de lumière. C'est la descente d'un mental supérieur, supra-mental au niveau inférieur, terrestre.

Pour s'ouvrir à l'existence de l'être psychique intérieur, il faut pouvoir traverser et mener à leur perfection les corps constituant notre être personnalisé sur ce plan terrestre. Cependant, on ne peut arriver à perfectionner ces corps terrestres sans concentrer notre esprit sur l'origine et la fin de toutes choses. Car c'est dans cet infini, dans cette Supraconscience que nous trouvons les facultés, l'énergie et le pouvoir de surpasser toutes difficultés dans lesquelles le "moi personnalisé", tend à nous emprisonner.

C'est la joie du grand Tout que d'individualiser son pouvoir suprême en créant des mondes à l'infini. Ce pouvoir suprême se manifeste à travers un amour absolu, permettant à toutes choses d'exister, de poursuivre leur cours, leur ascension et de retourner dans le rien qui est aussi l'origine de toutes autres choses.

Le but de l'éveil de notre conscience supérieure est simple, c'est la nécessité d'une création qui va son cours du fait de l'existence supra-intelligente. Pour s'unir à cette conscience, l'esprit doit reconnaître l'immanence du sacré à l'intérieur et ne jamais la quitter de vue.

C'est lorsque nous exprimons cette vision de la lumière à travers notre corps terrestre, que s'ouvre à nous le dessein de la création. Lorsque la lumière se fait plus intense, lorsque les avenues se doublent d'intensité lumineuse, l'esprit est naturellement dirigé vers l'apogée. Sa volonté se fait plus grande dans la vision concentrée de la lumière intensifiée. Là les corps s'alignent et se raffinent et l'univers en apothéose s'ouvre devant nous.

L'esprit de vie qui réside en nous et qui nous dirige à travers toute existence, n'attend que l'éveil de la supraconscience au niveau de l'individuel. Lorsque notre âme personnalisée s'éveille à elle-même, notre esprit supérieur se sent attiré. En nous éveillant aux plans d'existence dont on est constitué et cela à tous les niveaux – physique, émotionnel, mental et psychique, nous attirons par le fait même des forces supérieures pour nous soutenir dans cette quête. C'est l'amour Divin qui nourrit tous les corps de la création, du plus dense au plus fluide, du plus matériel au plus immatériel. L'amour Divin est la réalité.

Chapitre XXIX

C'est en comprenant que le "moi personnalisé" agit comme intermédiaire entre le monde de l'esprit – l'immatériel, et le monde phénoménal – matériel, que nous pouvons assurément parvenir à le maîtriser.

En soi notre esprit, dans son lien, sinon son union avec le Divin, contrôle tout en nous. Toutes existences sont dirigées par une intelligence qui, elle-même, se trouve au-dessous d'une autre intelligence encore plus haute et cela, du plan physique au plan spirituel, jusqu'à la Divinité suprême. C'est autour d'Elle que tout s'agglomère en tant que conscience et existence. Il en va ainsi non seulement pour tout ce qui régit notre corps physique, grossier, mais aussi pour tout nos autres corps plus subtils; jusqu'à l'immatériel.

Les différents corps qui nous composent, sont le corps grossier, le corps subtil, le corps causal, et à un niveau supérieur nous retrouvons le corps de conscience atmique. Par-delà tous ces corps, et qui n'est pas un corps de conscience, même s'il en est l'origine, la composition et la supervision, puis-qu'étant la réalité du Tout et non-différencié, est le corps de conscience boudhique.

Le corps grossier est cette activité de la vie quotidienne où, essentiellement, non seulement tout nous apparaît sous l'aspect matériel, mais où et surtout nous nous retrouvons faussement identifiés au mental et au corps physique, suivant quoi, nous nous dressons comme "moi personnalisé", en apparence séparé, du vrai "moi" et impersonnel.

Le corps subtil concerne tous les attributs du "moi personnalisé" trouvés dans le sommeil au niveau du mental et de l'émotionnel sous leurs aspects inconscients. Dans ce corps, la volonté du cerveau est d'assimiler toutes informations et expériences de veille de façon à trouver un équilibre entre le conscient et l'inconscient. C'est là où s'effectue les processus subtils d'assimilation et d'intégration des connaissances et expériences à la fois de veille et de l'au-delà. Aussi, à ce niveau de ce plan subtil, se défile une relation intime avec l'âme individuelle, à travers laquelle, précisément, l'âme universelle peut être connue ou appréhender.

Suivant le corps subtil, est le corps causal. Celui-ci n'est pas seulement l'absence du rêve ou du mental même, mais adresse l'aspect supérieur de l'âme individuelle en relation directe avec sa propre source de conscience cosmique et universelle. On y trouve aussi un mental supérieur aux capacités extra-sensorielles et de claire-voyance, possiblement, en lien direct avec l'âme. Ici, le "moi personnalisé" est absent, mais surgit un sens de présence douce et paisible, pointant à la nature spirituelle de soi-même.

Par-delà le corps causal, mais l'englobant à la fois et dont on ne peut connaître ni par les facultés sensorielles ou mentales, ou même de claire-voyance, mais dont nous sommes fondamentalement composés, même si la dimension du connu ne peut y accéder, est le corps de conscience atmique; duquel non seulement les corps inférieurs naissent, en tant qu'individuation de ce corps de conscience atmique, mais constitue aussi la source même de l'universalité de la vie en tant que présence infinie et pure. C'est aussi le Grand vide, puisque non-objectivable.

Au-delà même de cette universalité du corps de conscience atmique, est la qualité supra-consciente du grand Tout – le corps de conscience boudhique; cela qui ne fait aucune distinction entre le monde manifesté, à tous ces niveaux; du plus grossier au plus subtil, et avec le monde non-manifesté dans toute sa pureté et universalité infinie. Le corps de conscience boudhique est en vérité la seule réalité ou l'état naturel de toute chose, comme intégration de tous plans d'existence et de conscience, mais il n'est pas possible de comprendre cela à travers aucun des plans inférieurs. Seule la réalité de ce corps de conscience boudhique a conscience d'elle-même. Et pourtant, ce qui apporte tout sens de conscience au-dedans de nous, même à travers tous les corps de conscience inférieurs, n'est autre que ce corps de conscience boudhique, lequel est absolu, et permanent. Il est le cœur même de toutes identités et existences quelles qu'elles soient. Sans lui, aucune infinité d'existences et de consciences n'existerait.

C'est en ce corps de conscience boudhique que tous les autres corps apparaissent et disparaissent; trouvent leur sens et par Lequel ils sont tous connus. Le corps de conscience boudhique est le centre éternel de la conscience et du monde manifesté. Il est tout ce qui existe comme toute potentialité à l'infini et absolu. Il est la totalité du créé et du non-créé. Le spectre entier de la conscience, de l'immatériel au matériel, apparaît en Lui. Il est le seul Principe de vie vraie. Absolu et éternel, trouvé à l'intérieur de toutes nos expériences. Il est donc le seul et vrai Sujet de la conscience comme de l'univers entier.

Lorsque l'esprit s'éveille en nous, la porte s'ouvre à cette infiniment plus grande intelligence, inspirée directement à la source du spectre complet de la conscience. C'est un mental supra-supérieur fonctionnant dans le cadre de l'être absolu. C'est là où se trouve le repos de l'esprit, où nous trouvons l'ultime possibilité d'être conscient de ce qui nous donne la conscience comme telle. Là où la libération la plus totale se trouve. Là où les lois immuables mêmes de l'univers ne nous touche plus; même si celles-ci prennent place en soi-même et infaillibles au niveau relatif.

Pour trouver la maîtrise sur soi, il est nécessaire d'exercer une force concentrée pour capter les directives supérieures, suivant quoi le raisonnement s'élève en intelligence apportant ainsi une perspective globale au "moi personnalisé". Ce dernier est en fait, d'un côté, soumis au corps physique et d'un autre côté, inspiré par l'âme. En fait, il n'existe pas. Il n'est qu'un corps ou véhicule agissant comme intermédiaire, permettant à l'âme de séjourner sur le plan terrestre. Le "moi personnalisé" est donc semi-matériel, semi-spirituel. Mais ne pouvant subsister sans le corps physique dont il est un produit. En se laissant s'identifier au mental et au corps, l'esprit se retrouve réglé par les lois du champ gravitationnel de la Terre; tandis qu'en s'éveillant à sa nature spirituelle, l'esprit trouve l'inspiration d'aller toujours plus haut, toujours plus près de sa nature Divine à l'intérieur de lui-même. Alors, en reconnaissant l'aspect spirituel de notre être, nous élevons les capacités mentales par le fait même.

Dans son stade inférieur de développement, l'âme consiste en la possibilité de permettre au corps de survivre en s'organisant, et en accordant l'attention à sa propre croissance. Elle se réalise en tant qu'individuation de la conscience comme divisée entre les notions d'un monde existant à l'intérieur et d'un autre monde existant à l'extérieur. Cette conscience se complexifie et s'affine en tant qu'entité pensante, différente en qualité d'une autre conscience, en s'accordant à elle-même toute l'importance. C'est l'origine de l'égoïté, d'où s'ensuit, négativement, le besoin d'affirmation de soi, souvent à travers la vanité, la possessivité, l'orgueil, la recherche d'attention et de pouvoir et l'état de comparaison et de compétition; en essence infiltrée et abaissée par l'instinct de survie sur le plan matériel. À partir de là, le mental suggère la possibilité pour l'âme de consolider son monde, lui apportant la notion de continuité, d'avoir, d'appartenance, sous l'édification de son existence égotique, maintenant bien identifiée et se méprenant pour ce mental et ce corps physique seul.

Lorsque le mental a tout fabulé et structuré autour des exigences du "moi", les sentiments permettent à l'âme humaine de ressentir profondément cette tangibilité apparente de son individualité fragmentée dans le temps et l'espace. Cette âme personnalisée cherche l'affirmation d'elle-même dans le miroir des relations hommes-femmes, d'un côté diriger par l'attraction sexuelle et d'un autre côté, désireuse de se connaître et de trouver son pôle manquant. Tout cela par nécessité de parfaire l'aspect égotique de son identité terrestre.

Lorsque qu'établis en ce monde, nous trouvons un semblant d'accomplissement et de complaisance en tant que "moi" possiblement accompli. Alors nous sommes capables de sentir, de penser et d'agir avec efficacité relative lorsque cela est nécessaire ou lorsque nos intérêts sont en cause, mais toujours soumis dans les limites circonscrites du plan terrestre. Néanmoins, notre "moi" donc, bien qu'il puisse s'être attribué toute l'importance dans la reconnaissance de ses intérêts, accomplissements et buts, ne demeure que l'outil d'une conscience encore plus intelligente. C'est la même chose avec les cellules de notre corps qui font partie de groupes structurels d'organes et de fonctions majeures. À ce niveau, bien que notre individualité puisse assumer que tout dépend de sa volonté seule et indépendante, tout est essentiellement contrôlé par les ficelles d'une intelligence toujours supérieure.

Chaque groupe de conscience physique fonctionne en étroite relation et en fonction d'un équilibre général pour fin d'une évolution mettant en jeu l'expansion d'une conscience toujours plus développée, toujours plus intelligente. Par là, tout fonctionnement et développement des différents corps sont actuellement sous la direction d'un plus grand pouvoir qui est l'existence de notre esprit supérieur.

D'où ou de quoi trouvons-nous le pouvoir, la force et la volonté de parfaire notre monde à tous les niveaux, physique, émotif et mental, si ce n'est pour soutenir une volonté d'être plus intelligente qui, elle-même, suit les directives d'une intelligence encore plus haute? En réalité, nous agissons entièrement selon les exigences de notre esprit supérieur qui lui, se sert de notre âme personnalisée pour s'étendre à travers les expériences de la vie quotidienne sous tous ses aspects, de la simple activité cérébrale au mental éclairé, spirituel.

La conscience supérieure ne pourrait passer à travers ces vies sans l'existence d'outils matériels la mettant en étroite relation avec, effectivement, le monde matériel. Pour ce faire, elle a dû créer et organiser en un tout intégré et systématique, différents corps allant du plus subtil au plus lourd. La conscience supérieure, universelle, trouva la nécessité d'avoir une contrepartie physique qui est l'âme, la reliant ainsi au monde terrestre à travers l'existence des attributs physiques et mentaux et avec sa propre contrepartie physique et émotionnelle en tant que "moi personnalisé".

Tout corps que ce soit, qui entre dans l'édification d'une structure humaine, possède sa propre contrepartie, de façon à conserver un équilibre et à demeurer à sa place dans ce qu'il est appelé à faire en toute précision et en fonction du but toujours plus élevé de la conscience supérieure.

Ainsi notre "moi personnalisé", bien que nous ayons quelque peu de difficulté à le voir, est sous les directives d'une conscience supérieure qui seule est consciente de son appartenance à des plans d'existence cosmique, se succédant à l'intérieur d'une organisation hiérarchique supra-intelligente. Cette organisation hiérarchique englobe autant notre nature spirituelle que matérielle et elle n'est qu'une facette de l'entière organisation de l'univers, qui va en grandissant sous une autorité intelligente toujours plus supérieure en force, en volonté et en amour. Et cela s'accentue et se poursuit jusqu'au Principe absolu de toute conscience.

Toute conscience intelligente supervise une autre conscience moins intelligente. C'est-à-dire que non seulement une conscience supervise une autre conscience inférieure à elle-même, mais est aussi à l'origine du fonctionnement inhérent des formes de conscience encore moins évoluées. En fait, et c'est en cela que s'exprime la beauté de la vie, c'est qu'en l'existence du petit, nous trouvons l'existence du plus grand. C'est pourquoi nous nous étonnons de l'extraordinaire organisation des moindres composantes relatives de la matérialité. Il n'y a pas une seule place sur notre planète, par exemple, où cette organisation extraordinaire invisible, n'est pas à l'œuvre derrière et à l'intérieur de tout ce qui nous entoure.

Il n'est pas tant nécessaire de s'enquérir là-dessus, mais lorsque nous nous y arrêtons, nous pouvons y trouver de grandes révélations sur l'existence de cette organisation systémique et hiérarchique supra-intelligente. Non seulement pouvons-nous la sentir et la voir, mais nous pouvons aussi incarner cette force absolue. Nous pouvons réaliser cette force incommensurable en tant que Divinité individualisée dans notre corps de chair. C'est le but de l'existence spirite que d'incarner un corps matériel à travers les différents intermédiaires ou corps de conscience, lesquels nous permettent de nous unir autant aux forces supérieures du cosmos, sous l'aide d'énergies et d'entités supérieures, qu'aux forces inférieures permettant l'activité même des mondes physiques.

Nulle conscience n'est séparée de l'entière création. Toute conscience fait partie, en réalité, d'une seule conscience. C'est ce que nous sommes appelés à réaliser. Bien que nous nous percevions encore comme entités distinctes et séparées des autres entités, il demeure que c'est en fait cette conscience supérieure qui agit à travers nous et qui se sert de notre existence, physique et spirituelle, pour accomplir ses propres desseins.

La conscience supérieure est autant l'existence du Principe suprême d'intelligence à l'origine de l'entière création visible et invisible, qu'elle s'individualise elle-même dans la conscience du "moi" en tant qu'entité distincte d'un autre "moi" ou d'une autre conscience moins ou plus évoluée. C'est l'expression d'un semblant de division dans une polarité unificatrice et surpassant le mouvement involutif et évolutif circulaire de l'entière fabrique de l'univers.

C'est grâce à notre esprit, en tant qu'autorité de notre entière existence individuelle, en union avec l'âme universelle, que nous pouvons nous situer par rapport à notre appartenance cosmique et spirituelle et de la sorte, entrevoir le but véritable de notre existence en ce bas monde.

Non seulement pouvons-nous réaliser le but de notre vie par rapport à ce qui existe à un niveau supérieur, mais nous trouvons d'autant plus de sens à vivre comme il se doit dans ce monde matériel. Nous comprenons davantage comment nous devons y vivre et comment nous devons coopérer avec les êtres qui nous entourent au niveau physique et spirituel.

Non seulement travaillons-nous à un niveau supérieur de coopération avec des entités incarnées dans le plan physique, mais aussi avec ces autres entités supérieures existant autant dans le monde invisible; lesquelles dirigent la destinée de tous et chacun.

Pour pouvoir vivre en être terrestre véritable et complet, il faut pouvoir s'unir au monde invisible, immatériel. Évidemment, au niveau du "moi personnalisé", cela est impossible à comprendre; puisque ce dernier ne peut pas avoir conscience du plan invisible de sa propre nature.

Pour pouvoir réellement aimer d'un cœur pur, il faut puiser notre nourriture dans le monde invisible, spirituel. Alors nous pouvons exprimer la vérité dans notre existence terrestre et y trouver la place réelle que nous devons y occuper et son but fondamental. Désormais, plus rien ne s'effectue sans cette conscience d'être qui nous indique les limites et les fonctions propres de chaque corps de conscience; ce qui nous permet de vivre comme être intégral en incarnant la Divinité que nous sommes avant tout. La Divinité seule est la vérité, la voie.

Chapitre XXX

Lorsque l'esprit humain apprendra à penser correctement et à laisser passer ses mauvaises pensées, ainsi que les pensées inutiles, il saura reconnaître la pensée du Tout-puissant qui pense à travers lui, afin que le Tout-puissant réalise son dessein, encourant ainsi à la réalisation ultime de la création.

Cette compréhension de la pensée du Tout-puissant, non seulement amène-t-elle à penser en tant qu'individu hautement inspiré, mais aussi à transformer notre propre vie en fonction des buts universels destinés à prendre place dans cette vie propre à chacun d'entre nous.

Lorsque, effectivement, nous acquérons l'inspiration du Tout-puissant et amenons à la manifestation cette même inspiration, c'est aussi la création entière qui s'en réjouit. Ainsi, non seulement la vie peut s'étendre à l'infini pour l'individu, comme de lui apporter tout ce dont il a besoin, comme toutes connaissances ou expériences utiles à son rapprochement avec la source de toute existence, mais aussi et surtout, fait de lui un serviteur conscient de la grande Cause.

Non seulement l'esprit humain peut-il s'ouvrir au pouvoir de créer sa propre vie dans ce qu'il est souhaitable pour lui-même, mais il peut aussi trouver l'occasion de réaliser qu'il participe à l'élaboration et au perfectionnement de la création entière. Ce pouvoir qu'il est donné à l'esprit humain, vient de ce qu'il existe en soi-même le pouvoir du Tout-puissant lui-même. C'est par lui que tout est possible et qu'ainsi tout est possible pour nous.

Même si nous pensons de façon inconsciente, et c'est ce qui se passe la plupart du temps, c'est quand même Lui qui pense à travers notre inconscience. Car même dans l'inconscience, il y a de la conscience, autrement nous ne pourrions être conscients de l'inconscience comme telle. Par ailleurs, c'est bien dans l'inconscience que nous nous attribuons un pouvoir égotique, lequel nous donne l'impression d'être seuls dans l'univers tout en nous voilant la connaissance de notre véritable appartenance. Cette ignorance est la cause du semblant de division avec le Tout-puissant; ce qui a engendré la souffrance qui est maintenant notre lot.

Vue d'une autre façon, la souffrance est un outil dont se sert le Très Haut pour nous obliger à développer un sens des responsabilités et d'investigation à l'égard de la volonté de vouloir nous connaître sur le chemin spirituel. Si ce n'était de la souffrance, nous serions pas amenés à nous questionner. Nous pourrions vivre dans les limbes pour toujours, sans même nous en rendre compte. L'univers est créé de façon à ce que tout participe à l'évolution de toutes autre choses. L'univers va toujours de l'avant et par-dessus tout, toutes choses ou touts êtres tendent à converger en direction du Tout-puissant, puisqu'il n'y a que le Tout-puissant derrière tout ce qui existe, de même que derrière la conscience elle-même.

Alors de quelque façon que ce soit, que nous soyons plongés dans l'inconscience ou non, c'est toujours le Tout-puissant qui se sert de nous pour réaliser ses propres buts. Cependant, ce qu'il nous faut comprendre dans tout ceci, c'est qu'il nous est donné le pouvoir sur toutes nos pensées, comme sur toute notre vie, afin que le Tout-puissant s'en réjouisse. Puisque, en tout premier lieu, c'est lui qui agit et pense à travers nous, c'est donc que son pouvoir absolu réside aussi en nous et que nous avons accès à ce pouvoir. Son vœu intime est simplement de se reconnaître en nous en tant qu'être personnalisé de sa propre Divinité.

Présentement nous utilisons ce pouvoir inné à notre propre fin égotique, sans considérer l'existence du Tout-puissant qui se veut tout amour pour toute la création, englobant tous les univers, touts esprits, toutes moindres particules matérielles et cela à l'infini. Cette volonté égotique, inconsciente donc, va à l'encontre, en quelque sorte, de son amour inconditionnel et impersonnel.

Lorsque, effectivement, notre esprit s'éveille à la réalité immuable de la création des mondes par la seule volonté de l'ultime Créateur, nous reconnaissons comme fait indéniable notre responsabilité à l'égard de la nécessité de devenir pleinement conscient et donc entièrement responsable et créateur de notre vie. Comment devient-on créateur, pensons-nous? Comment peut-on agir directement sur notre vie entière? Comment peut-on avoir accès à ce pouvoir absolu, nous permettant de tout transformer? Ce sont là les questions que l'on se pose certainement. Nous nous demandons aussi comment nous pourrions vivre ainsi, lorsque nous vivons dans un monde si enfoui sous la matérialité et le non-sens. Mais cela aussi est en réalité une fausse conception, une pensée erronée. C'est aussi une autre manifestation de notre inconscience, de notre ignorance face au processus de la pensée.

Le monde est tel que nous le voyons. Si nous le pensons d'une certaine façon, alors il est tel que nous le percevons. Si nous sommes tristes, déprimés et ennuyés par notre existence, c'est parce que nous entretenons ces mêmes pensées sur cette même existence et sur soi-même. Alors les pensées que nous entretenons sur nous-mêmes comme sur notre existence, meublent notre esprit comme notre existence. Par conséquent, nous ne pouvons nier que nous avons en nous les moyens de transformer notre monde en comprenant comment agir sur la pensée. Si nous voyons la pensée de Dieu en nous, comme en tout, alors il n'y a que la pensée de Dieu.

Si nous sommes ouverts à la pensée de Dieu en nous, alors nous comprenons ce qu'est le monde et nous nous réjouissons de ce que le monde soit si bien organisé en fonction du but ultime de la création. Et non seulement y voyons-nous l'action du Tout-puissant en toutes choses, en toutes manifestations, mais nous devenons ce Divin même qui organise toutes ces choses, même le monde. C'est en cela que nous trouvons la clé à notre portée et que l'on peut utiliser dans n'importe quelle situation que ce soit. En reconnaissant le Divin en nous, nous devenons le Divin par le fait même; comme le monde devient aussi le Divin. Il ne reste que le Divin.

Cette clé naît de la présence immuable du Tout-puissant qui est omnipotent, omniprésent et omniscient. C'est le Divin lui-même qui regarde à travers nous, ainsi qu'à travers toutes choses. Rien n'égale cette compréhension, car plus aucun obstacle ne peut se dresser devant nous.

Le pouvoir de la pensée, en ce sens, n'est pas quelque chose de superflu. Il est évident que pour un esprit inconscient, la pensée ne peut le libérer d'aucune façon. Mais cela est à cause de notre ignorance face à la réalité du Divin existant en nous, en esprit, comme à travers tous les autres corps, ou plans de conscience.

Pour transformer la matière, il faut monter très haut. Terre et Ciel ont leur source en soi-même. L'enfer et le paradis sont les fruits de notre propre conscience, laquelle est aussi la conscience du Tout-puissant. Par conséquent, rien ne peut faire obstacle à la réalisation que non seulement nous sommes issus de Lui, mais que nous sommes aussi Lui. Et comment sait-on que nous ne nous illusionnons pas en cette affaire? Avant de pouvoir nous lier aux forces supérieures, l'esprit doit cesser de s'agiter et se trouver dans ce silence où seulement il peut être en contact avec les champs vibratoires supérieurs. L'esprit ne peut donc point se tromper.

Lorsqu'il est totalement silencieux, n'embrassant aucune direction, l'esprit peut se joindre au Tout-puissant et c'est Lui, finalement, qui entrevoit ce qui est le mieux à faire, non simplement pour l'être personnalisé sur ce plan terrestre, mais aussi pour notre être spirituel, pour toujours uni à l'ensemble de la création.

La capacité de percevoir comment le monde est tel que nous le voyons, nous amène à l'existence de ce pouvoir qui se tient là, à notre portée. La seule vision de tout ce champ d'interrelations entre nos pensées et le monde, manifeste la présence de ce pouvoir qui existe en soi-même sur un plan absolu. Pour que nous devenions conscients de cela, est en soit la preuve que nous sommes déjà plus hauts que ce que nous percevons dans notre circonstance immédiate. Comment une idée devient-elle une réalité? Et comment pouvons-nous être amenés à comprendre qu'une seule pensée soit à l'origine de l'entière création? Cela est pourtant simple, "au tout début Dieu créa le verbe et le verbe se fit chair".

C'est dans le silence de l'esprit que l'univers prend son origine. Du rien naissent toutes choses. Alors non seulement sommes nous amenés à comprendre que toutes choses sont possibles pour le Tout-puissant, mais toutes choses nous sont possibles de par la réalité de l'immanence du Tout-puissant au-dedans de nous. Nous ouvrir à soi-même est nous ouvrir à cette existence qui est en fait la seule existence, la seule réalité, d'où toute création prend son origine. Puisque toutes choses y sont existantes, toutes choses sont, en même temps, la manifestation du Tout-puissant. Plus rien n'existe sinon la présence du Tout-puissant.

Nous pensons trop en fonction de ce que nous avons pensé, de même qu'en fonction du monde que nous croyons tel que nous l'avons pensé. Pour s'unir au monde, il faut trouver l'union en soi-même et lorsque, effectivement, cela a lieu, nous nous reconnaissons comme Divinité incarnée dans la chair et capable de transformer notre expérience de la vie. Non seulement cela se manifeste-t-il en tant qu'esprit incarné dans la chair, mais nous réalisons aussi que nous ne sommes pas, essentiellement, que cette chair, mais aussi esprits. Et non simplement esprits individualisés sous quelque plan visible ou invisible que ce soit, mais aussi et surtout, nous nous reconnaissons en tant qu'esprit unitaire, esprit du Tout-puissant, ce qui a toujours existé et qui existera toujours; qui a existé éternellement en tant que Divinité suprême et absolue, de même qu'à travers toutes moindres particules élémentaires de vie à quelque niveau que ce soit, sous quelque forme que ce soit, du début à la fin du spectre entier de la conscience, de l'immatériel au matériel. Avant la création, "Je suis".

Toutes les moindres manifestations sont aussi toutes les moindres manifestations de notre propre esprit. Nous sommes ce que nous n'avons jamais pensé que nous pourrions être, nous sommes toujours plus que ce que nous croyons être. De même que notre pouvoir est toujours plus grand qu'on le pense. Le monde n'est jamais aussi limité qu'on le croit, le monde est toujours plus vaste que nous le pensons. Tout ce que nous croyons être, nous ne le sommes pas. Nous sommes infiniment plus que ce que l'on croit. Tout ce que nous ne savons pas, nous le sommes. Nous sommes la totalité de l'inconnu.

Le Tout-puissant réside dans le cœur de l'esprit silencieux et a pensé à tout. Rien n'existe sans la présence du Tout-puissant qui est aussi la voix du silence en notre propre esprit. L'esprit du Un se confond avec l'esprit multiple. L'unité et la multiplicité se fondent en une seule et même chose. L'ignorance est l'ombre de l'intelligence et celle-ci se cache derrière les ombres innombrables. L'esprit est l'ombre voyageant de par les mondes et le Seigneur nous transporte au-delà des misères. Du Tout-puissant nous venons, au Tout-puissant nous retournons.

Chapitre XXXI

Pour pouvoir capter les messages subtils de la réalité, l'esprit doit être dans un état de réceptivité totale. C'est la première chose. Mais, comme de raison, il y a le "moi personnalisé" qui nous empêche d'aller au-delà et d'entrer en contact avec ces énergies et plateaux supérieurs où, effectivement, nous trouvons une nourriture spirituelle infiniment abondante. C'est cela qui est nécessaire. Les réalisations cherchées par notre "moi personnalisé" ne signifient rien, si ces mêmes réalisations n'aident pas à aller au-delà des limitations de ce même "moi personnalisé". Les limitations de ce même "moi personnalisé", en retour, force quelque chose en nous à s'éveiller. C'est le moyen que s'est donné le Tout-puissant pour exprimer son "idée" dans la chair.

Il fallut que nous descendions dans la chair et succombions aux désirs du "moi personnalisé" pour que l'idée d'une conscience supra-mentale puisse trouver l'occasion, indirectement, de descendre et de se matérialiser sur la

Terre. Tant que l'esprit sera soumis à l'activité seule du "moi personnalisé", il demeurera endormi. Et lorsque nous sombrons dans l'illusion du confort matériel et mental, nous nous trouvons en face d'une impasse. Il faut bien l'admettre, il n'y a pas de voie de sortie en cela. Pas de possibilité de s'ouvrir à quelque chose de supérieur. Sans parler de la souffrance, c'est la stagnation qui réside dans l'identification avec le "moi personnalisé". Et puis surviens la nécessité de s'épurer de ce même "moi personnalisé", faisant ainsi de la Terre un lieu de purgation, de purification et ultimement de transformation de ce "moi personnalisé" en un "moi" composé du "moi impersonnel".

La souffrance n'est que le signe que nous sommes asservis par le "moi personnalisé". Même si cela semble prendre place dans le Divin, c'est pour que nous retrouvions notre lien avec Lui pour que se concrétise son "idée". Mais pour qu'Il puisse réaliser cette idée, il fallut que notre esprit s'incarne dans la chair sous l'activité du "moi personnalisé". C'est à travers le désir et sa poursuite, que l'esprit a effectivement trouvé l'occasion de se consolider en tant que "moi personnalisé". Au moment où l'esprit se trouve identifié au "moi personnalisé", le lien qui unit l'esprit au Divin se trouve obscurcie. Mais cet apparent obscurcissement est nécessaire à un certain niveau, puisque l'âme doit se perdre avant de se trouver. Il fallut que l'esprit individualisé soit attiré par le bas et ce fut cette volonté égotique qui, effectivement, le fit descendre dans la chair. Ce qui, au départ, nous semblait être une chute à l'extérieur du jardin d'éden, n'était point autre chose qu'une inévitabilité dans le dessein du Tout-puissant. Il fallut que l'âme se perde dans une individualité pour retrouver sa qualité impersonnelle afin d'incarner cet impersonnel dans le personnel.

L'esprit qui habite en nous a conscience des buts de la création et s'évertue, par quelque moyen que ce soit, à se rapprocher de cette perfection. Mais, du fait de son attachement à la forme et à l'idée de lui-même, l'esprit cherche cette perfection à l'extérieur, lorsque cette perfection ne peut être trouvée qu'à l'intérieur.

Si nous rencontrons des situations difficiles et même périlleuses dans la vie, il n'en demeure pas moins que c'est bel et bien notre esprit, en arrière plan, qui choisit en fonction de ce qui peut l'amener à une plus grande connaissance de lui-même au niveau évolutif où l'esprit se trouve. Et lorsque nous nous mettons à réfléchir sur le sens de notre existence à travers ces innombrables tribulations, nous prenons contact avec cette volonté authentique, intérieure, qui nous pousse à traverser les obstacles et les difficultés de la vie, tout en nous éclairant, éduquant sur son but.

L'esprit se devait d'être attiré par la Terre et cela s'est fait à travers le "moi personnalisé" qui lui fit connaître le désir et son manque. De la joie à la douleur, l'esprit fut amené à considérer l'existence du bien et du mal, même si c'est vraiment juste au niveau du "moi personnalisé" que ces notions dualistes existent. Mais pour l'esprit c'est différent. Ce qui lui importe est son rapprochement avec la conscience Divine qui est la somme de toutes consciences.

Cette conception du bien et du mal existe à un niveau relatif. C'est la conscience qui sommeille et qui se ballotte entre ses objets de désir et de souffrance qu'elle trouve dans l'abus et l'entêtement, l'avidité et la jalousie. Alors pour cette conscience, la notion du bien et du mal devient une préoccupation terrestre. Par ailleurs, plus l'esprit s'éveille à lui-même, plus il capte des énergies supérieures qui l'amènent à regarder le champ de son existence d'une façon beaucoup plus large et non seulement basée sur des valeurs égotiques, mais bien sur des valeurs universelles, impersonnelles. Non seulement cette observation vient à s'élargir considérablement, mais le regard lui-même devient plus objectif. C'est ainsi que l'esprit supérieur en nous commence à trouver sa place dans un être éveillé sur la Terre. C'est ce que la conscience suprême attend de nous.

Un éveil à la conscience de nous-mêmes nous rapproche de notre essence Divine et en même temps, nous attirons à nous les énergies d'un monde supérieur. Le but de tout ceci est simple, c'est l'harmonisation des éléments d'existence terrestre et céleste; c'est-à-dire les éléments de conceptions et de concrétisations issus d'une conscience supérieure liée à la nécessité de trouver, précisément, cette union absolue de la conscience avec la création.

De même que l'univers lui-même est constitué de trois corps immuables, à un niveau d'existence terrestre, nous sommes constitués du corps physique, du "moi personnalisé", associée au mental et aux émotions et à l'esprit supérieur ou âme individuelle, qui seule demeure à travers les processus évolutifs de la création cosmique.

Pour que notre esprit supérieur ait été attiré par la chair, il fallut l'existence d'une entité intermédiaire et fictive, qui nous amena même à douter de notre propre origine Divine. Il fallut quitter, en apparence, notre essence immaculée, pour nous ouvrir à nouveau les yeux sur le but de toutes choses, mais dans la chair. Nous avons dû croire en une existence égotique pour permettre à la création de concrétiser l'idée du Tout-puissant. Dieu se fit chair et la création fut bénit.

Comme nous sommes constitués de trois corps, l'univers l'est de la même façon. Il y a la Terre ou la manifestation et il y a l'esprit, le non-manifesté, qui unit et bien entendu, il y a l'existence du Principe Intelligent absolu contenant le début et la fin de toutes choses. Ce rapprochement de la généralité au particulier exprime l'existence de ce Principe d'intelligence absolue existant autant au niveau le plus matériel, qu'au niveau le plus immatériel; où l'esprit se confond avec le Tout-puissant lui-même. C'est la grande trilogie universelle incorporée dans la trilogie individualisée de la conscience matérielle.

Dans la conscience supra-mentale, Divine, les modes d'expressions sont aléatoires, sans grande signification. Ce qui se passe vraiment, c'est l'ouverture de l'esprit; ce qui lui permet d'accéder à cette vision plus large et juste des choses. Lorsque, manifestement, il y a la vision interne et directe de ce qui "est", au même moment la connaissance émerge et celle-ci s'exprime à travers la conceptualisation; d'où la possibilité de verbaliser le tout.

La connaissance et la conceptualisation vont de pair, mais cela n'est pas le but ni l'origine. Le verbe émane du Tout-puissant. C'est le Tout-puissant qui est à la base de toutes choses. Par la suite l'esprit s'individualise à l'aide du "moi personnalisé" dans la matière avec ces innombrables étapes évolutives que l'esprit doit traverser. Le Tout-puissant lui, fait Don de la clairvoyance, laquelle, ici, est cette capacité de voir directement une chose par rapport à l'ensemble et cela, dans un éclair de perception. C'est le Don inné de l'esprit. Cela dépasse de loin tout le processus mental. En fait, c'est incomparable. Mais comme cette capacité de voir dépasse toute activité mentale et matérielle comme telle, elle demeure inexplicable en terme du mental. C'est pourquoi, il est si difficile de croire en l'existence du monde invisible dans lequel notre esprit supérieur se meut, ainsi que voir les lois universelles entourant notre existence matérielle et celle immatérielle – cette vie que nous menons à l'intérieur et qui nous unit directement au Divin.

Nous menons tous cette vie intérieure, sans quoi, nous ne serions point ici – car nous ne pourrions nous ériger en tant que sujet pensant. Seulement, pour la plupart, nous la vivons inconsciemment, nous mélangeant dans des réflexions mentales et à travers des émotions innombrables, tout en nous méprenant pour le corps physique. C'est comme lorsque nous dormons. Nous rêvons beaucoup sans réaliser que notre cerveau cherche un certain équilibre neurologique. Mais lorsque nous nous appliquons à l'écoute de soi-même et que, par là, nous nous ouvrons davantage à ce qui existe en réalité, les choses se révèlent et passent pour faire place à d'autres choses toujours plus enrichissantes et qui nous rapprochent davantage, en toute conscience, du but véritable de cette vie en ce monde. Ces plans expriment l'idée du Tout-puissant. C'est-à-dire la volonté d'individualiser son propre pouvoir incommensurable dans un corps de chair. Cela est l'exploit des temps dans le sens où la création arrive à son but. Mais cela a toujours existé de toute façon dans le vaste espace intemporel où les mondes se créent et se recréent à l'infini.

Les choses viennent en leur temps. Et le temps des révélations est venu. Plus rien ne restera dans l'obscurité et on attendra de l'esprit un grand saut, un grand éveil! La fin et le début d'un autre cycle se présentent aujourd'hui. Le transfert des consciences est en train de s'effectuer. Tout cela est bel et bien en train de se passer; il n'y a plus de doute possible. Le jour s'est levé, la création s'approche de son but. Le créateur s'éveille à travers l'éveil de ses créatures. Mais il ne s'agit que d'un autre cycle évolutif dans la roue d'autres cycles évolutifs supérieurs dans lesquelles nous nous mouvons avec parfaite synchronicité. Rien de nouveau sous le soleil!

Il y a un temps de rapprochement avec la lumière et un autre temps plus distant de la lumière. Tout comme la rotation de la Terre, au niveau de la conscience collective et individuelle, il y a aussi ces cycles. Le cycle qui s'amène est un cycle plus en unisson avec la lumière de la conscience supérieure. Mais avant que cela se passe, effectivement, il y a toujours un temps d'épuration où tout semble aller pour le pire et c'est là où nous en sommes – seulement pour préparer la venue à des âmes plus évoluées de façon à participer et incarner ce cycle nouveau, fonctionnant à un niveau plus immatériel que matériel; plus en reconnaissance de leur vraie identité en union parfaite avec le Divin.

Comment imaginer un univers gouverné par des entités lumineuses et maîtres de leur existence! Les portes sont là, point fermées, mais grandement ouvertes à l'esprit véritablement sérieux et capable de sacrifier sa volonté égotique à tout moment de son existence. C'est l'expression d'une foi indestructible en notre esprit véritable, comme expression de l'Esprit pur au cœur même de notre être.

Cette foi véritable est la plus belle chose que nous puissions avoir et elle peut être trouvée en tout temps. C'est à nous d'en décider, en autant que nous ayons accès à la bonne perspective – celle du Tout. Il faut pourtant s'aider soi-même et c'est de cette seule façon que nous pouvons recevoir l'aide des forces supérieures. L'aide vient en s'aidant. La lumière fait son apparition lorsque nous nous ouvrons à elle. Lorsque l'esprit est pur, la lumière jaillie de partout. Il ne reste que la lumière.

Chapitre XXXII

Ce qui nous permet de franchir les limitations dans lesquelles le "moi personnalisé" tend à nous enfermer, est bel et bien cette relation directe et intime que nous établissons consciemment avec le Créateur. Il n'y a pas d'autre voie de sortie possible. Le Créateur se trouve en soi-même, puisque nous sommes, précisément, issus de Lui. C'est Lui, qui, au-dedans de nous, cherche la réalisation de ses buts. Nous sommes ses outils de travail. Non simplement pouvons-nous le servir sans aucune difficulté, mais nous pouvons aussi réaliser que nous sommes sa grandeur, sa puissance, ce qui nous permet de tout transformer, de tout créer et d'exercer des facultés mentales et psychiques supérieures.

Comprenons bien ceci, y a-t-il une seule chose qui ne soit dans l'infini de la création? Peut-on imaginer que tout est possible par rapport au pouvoir suprême du Créateur? Eh bien ce pouvoir est aussi en soi-même; car en réalité nous et le Créateur ne faisons qu'Un. Notre quête de la perfection est sa propre quête. Ce qui s'éveille en nous est aussi son propre éveil. Ce qui pense, ce qui tâtonne, ce qui cherche, ce qui souffre, fait aussi partie de ses innombrables expressions.

Il n'y a pas de quoi s'en faire. Il nous faut nous apaiser, regarder les choses se défiler sans rien prendre au niveau personnel. Ce que nous vivons est aussi ce que nous pensons de la vie. Ce que nous sommes appelés à vivre est aussi partie intégrante de la vie que notre "moi personnalisé" projette à l'extérieur. Comprendre cela, c'est nous rapprocher de cette vie impersonnelle qui est celle du Créateur. Comprendre que le monde puisse être à l'image de nos propres pensées est déjà un éveil qui transforme aussi ce monde dans lequel nous vivons. Voir que nous créons notre propre monde nous apporte la confiance et la volonté nécessaire pour le changer.

Nous appelons dimension matérielle ce monde que nous pensons être comme ceci ou comme cela. Mais en réalité, vu d'un œil impersonnel, le monde dans lequel nous vivons n'est pas plus matériel que spirituel. C'est notre esprit personnalisé qui projette ses propres limitations sur le monde observé. Ceci dit, le monde devient matérialiste. Cependant, lorsque nous nous arrêtons sur l'observation non-verbale, sans discrimination ou calcul, sans conceptualisation ou conclusion, nous accédons à ce regard impersonnel qui est celui de notre esprit réel, ouvert à l'immuabilité de la présence Divine en soi-même. Et lorsque, effectivement, nous sommes ouverts à cette Divinité en soi-même, le monde nous apparaît aussi Divinement organisé.

Le monde que nous regardons est aussi notre monde intérieur, de même que les mondes à l'infini s'étalant dans l'univers intemporel. C'est en nous que se trouve la clé nous permettant d'ouvrir cette porte grandiose. Puisque tout pouvoir existe dans le Créateur, tout pouvoir existe aussi en soi-même. La seule difficulté, est que nous considérons cela à partir de notre esprit personnalisé; lequel ne peut rien concevoir qui soit au-delà de lui-même.

Le "moi personnalisé" ne peut pas concevoir que les moindres difficultés qu'il rencontre dans la vie, puissent être issues de sa propre pensée erronée. C'est pour lui quelque chose d'impensable et d'irrationnel. Il préfère s'évertuer à croire en sa misère et à rendre les autres responsables de ses propres difficultés. Ni le monde à l'extérieur de soi, ni les événements imprévus de la vie sont la cause de nos difficultés. Toute problématique provient de notre propre esprit. Et non seulement notre "moi personnalisé" entretient-il ses propres problèmes, mais c'est aussi notre propre esprit, en arrière plan, qui pousse notre moi vers ses limites afin qu'il s'abdique devant la Divinité.

En fait, nous ne choisissons pas nos difficultés, nous les faisons venir à nous, inconsciemment, afin que l'esprit puisse spiritualiser la matière. Nous sommes ici pour nous éveiller donc, à une conscience supra-mentale, concrétisant ainsi le but du Créateur qui est de descendre le pouvoir du Ciel sur la Terre en tant que Divinité individualisée. Quel autre plus grand pouvoir existe-t-il, sinon le pouvoir de manifester la Divinité dans la matière, en tant que personnification du créateur dans un corps de chair? C'est vers cela que notre esprit supérieur cherche à nous mener. Pour ce faire, il n'y a qu'à reconnaître que seul existe le Divin. Alors si seul existe le Divin, nécessairement la matière est toute aussi Divinement habitée.

Notre "moi personnalisé" n'a pour intérêt que sa propre continuité dans le temps. Mais cela est une autre illusion dont se sert notre esprit supérieur en tant qu'outil de travail pour lui permettre d'équilibrer les forces de l'univers. Notre conscience personnalisée, elle, nous attire dans la matière afin que nous soyons assujettis au pouvoir des forces inconscientes qui demeurent imperceptibles à nos yeux brimés par le mental et le physique.

Pour le Créateur, la spiritualité et la matière sont deux facettes d'une même réalité dont Il se sert pour exprimer sa volonté. Mais en soi, la conscience ou l'inconscience, ne signifie rien. Cela signifie quelque chose que pour nous qui pataugeons dans la mare de nos illusions et notre ignorance. C'est lorsque notre esprit conçoit ses entraves et en devient responsable, qu'il s'ouvre à une conscience infiniment plus étendue en lui-même.

Par-delà toute conscience quelle qu'elle soit, l'esprit demeure impersonnel, alors plus rien ne fait l'objet d'une conscience ou d'une inconscience. Ce ne sont que des concepts qui aident l'esprit, qui sommeille encore, à se sensibiliser à ce qui existe au-delà de lui-même. En s'éveillant à la vie impersonnelle, les mots, les représentations systématiques, sont laissés de côté au profit d'une concrétisation de l'esprit non-dualiste, l'esprit du Un.

Ce qui nous apparaît lointain ou tout près, est aussi une illusion. Encore une fois, le monde prend la forme de notre esprit. Mais pour un esprit éveillé à la voie impersonnelle, désormais, toute existence personnalisée, distincte du monde, n'est plus. L'esprit se fond dans l'esprit universalisé. Et ce qu'il y a d'absolument extraordinaire et qui représente le plus grand vœu du Très Haut, est cette manifestation de son pouvoir de créer à travers l'individuation même de ce pouvoir en l'être de chair. Et, bien entendu, nous sommes cet être unique qui peut s'éveiller à cette conscience pure et globale.

Pour faire descendre la lumière sur la terre, il faut pouvoir s'élancer vers elle sans toutefois dénigrer la Terre. Il ne faut pas faire cette erreur qui, d'ailleurs, est si grandement commise par de si nombreux aspirants ou chercheurs. D'autre part, c'est en cherchant à fuir la Terre, que nous y accordons encore plus de densité. Nous finissons par nous perdre dans un monde d'idéaux aux confins du néant. Car il n'y a pas de Ciel sans Terre, de même qu'il n'y a pas de Terre sans Ciel. L'un et l'autre sont à respecter au même titre que le corps physique et le corps spirituel.

Lorsque nous reconnaissons, comme fait indéniable, notre appartenance à l'esprit de totalité et l'expression de cette même totalité individualisée à travers soi-même, alors nous réalisons qu'il nous est donné ce pouvoir d'agir directement autant sur la matière, comme sur l'esprit. Mais ce pouvoir, bien entendu, n'est plus ce pouvoir suprême lorsque nous l'utilisons à des fins égotiques. Au contraire, c'est sous l'intensité d'exercice de ce pouvoir centré sur soi-même, qu'il nous retombe dessus. Toute énergie, toute force émanant de notre esprit nous est renvoyée dans la même mesure. Et cela est ainsi créé de façon à ce que nous puissions nous regarder comme nous sommes, sans déformation, et nous retrouver, par le fait même à notre place, en équilibre au sein de la création entière.

Avoir accès au pouvoir suprême donné par le Créateur lui-même, n'est pas une simple affaire, pouvant nous accommoder dans l'expression de nos désirs et envies égotiques. Bien au contraire, ce que nous croyons être un don grandiose et extraordinaire, est aussi ce qui fait appel à l'éveil d'une responsabilité encore plus grande face à la façon que nous vivons.

Le plus grand pouvoir est donné à l'esprit le plus fidèle à la vie impersonnelle, comme expression du grand Tout.

C'est dans la mesure de ce que nous donnons, qu'il nous est donné. Et plus nous donnons d'un cœur pur, sans condition, plus il nous est donné. À la fin, donner est tout ce qui existe. C'est le plus grand pouvoir qui puisse exister.

Le créateur a extraordinairement mené sa création à la perfection de par l'universalité de sa personnalité. Le "moi personnalisé", au contraire, cherche à continuer à se débattre dans la mare de ses opinions tant chéries et de poursuivre son amour propre. Mais il n'y a pas de voie de sortie en cela. La vie impersonnelle, de son côté, pour ainsi dire, ne se préoccupe pas de cela, sachant que cela ne constitue qu'une étape pour l'esprit dans sa réalisation tant attendue.

Il nous est difficile d'appréhender ce que la Divinité nous réserve en fait de béatitude suprême. Cela n'a absolument rien de comparable avec les joies que l'on trouve à travers le "moi personnalisé". Cependant, cette béatitude suprême est pourtant quelque peu ressentie lorsque nous transformons notre pensée à l'égard du monde; lorsque, précisément, nous réalisons que le monde est tel que nous le pensons.

Une ouverture se crée dans les nuages, nous accordant la vision d'un ciel grandiose. Le soleil ne disparaît pas, il n'y a que les nuages qui vont et viennent. Tous, nous savons cela. Tous, nous Le sentons, malgré notre misère, nos débats, nos convoitises, nos tribulations, nos poursuites, notre ignorance et douleur. Nous cherchons à détourner notre regard de Sa vérité non pas parce que nous le voulons ainsi consciemment, mais bien parce que nous nous ignorons et nous méprenons pour ce "moi personnalisé". Mais tout cela a été pensé à l'avance.

Notre peine d'hier se transforme en joie de demain. Le soleil se pointe à l'horizon et toutes les créatures s'en réjouissent, car la lumière ennoblit toutes choses, nourrie toutes choses et ouvre la voie de l'expansion à toutes choses. Chaque créature puise son existence en cette lumière, aussi difficile puisse-t-elle être perçue. Chacun y puise comme il peut, selon ses capacités, selon la densité et la qualité du niveau de conscience auquel il se soumet. Mais toute lumière pénètre toute créature, tout univers, avec la même intensité, la même force de volonté et le même pouvoir immuable.

La lumière est l'expression du regard invisible du Très Haut. Sa lumière est la vie qu'Il donne à toute la création, cette vie qui nous soutient dans la douleur, cette vie qui nous exhorte à poursuivre notre quête spirituelle, cette vie qui a été, qui est et qui sera, éternellement. Cette éternité nous embrasse au cœur de notre âme et nous dicte la voie à suivre. Elle ne nous quitte jamais, elle est toujours là pour nous secourir, nous éclairer et nous fortifier. Il faut pourtant que nous lui fassions face, que nous l'invitions en tout état d'authenticité et d'honnêteté; avec toute notre pensée, toute notre force et avec toute la volonté du cœur. Alors, par surcroît, nous nous confondons avec cette lumière éternelle, nous conférant ce pouvoir absolu de faire Un avec la Totalité du créé et du non-créé.

Chapitre XXXIII

Pour entrer dans la lumière de vérité, l'esprit doit être hautement attentif à ce qui se passe dans le présent. Car il faut bien comprendre, c'est dans le présent qu'existe l'Éternel, cette intelligence en nous, qui pense et agit à travers nous, et qui, simultanément, dirige le cours de la création entière. Ce Principe d'intelligence absolue est à la base de toute manifestation et nous accorde tout sens d'existence et de conscience; du plus bas au plus élevé niveau. Du début à la fin, la seule autorité qui soit, digne d'être reconnue comme telle, est bien celle du Principe d'intelligence absolue qui réside autant ici même que dans l'au-delà.

Pour nous, le passé et le futur constitue notre réalité existentielle. Nous cherchons dans le passé des enseignements et en même temps, nous espérons en un futur où nous arriverons à trouver un bien-être véritable. Cela aussi, comme tout ce qui a comme origine le temps, est une illusion dont se sert notre "moi personnalisé" pour s'accorder une continuité dans le temps et l'espace.

Que nous cherchions à droite ou à gauche, que nous soyons les disciples d'une autorité spirituelle ou d'une autre, cela est certainement de seconde importance. C'est en soi-même que nous devons trouver l'origine et la fin. Évidemment, il est possible de trouver de l'aide à gauche et à droite, mais cela est secondaire. Ce qui, au contraire, est de nécessité première, est de s'enquérir sur qui nous sommes en réalité. Tôt ou tard, c'est cela qui porte fruit; même sans que nous nous en rendions compte et c'est cela la beauté et la pureté d'apprendre à se regarder intérieurement. Aucun enseignement ne peut être plus directe et authentique; ni vraiment égaler ce retour à soi-même dans la lumière de la présence à soi.

Le passé et le futur ne doivent pas devenir des objets de préoccupation. Si, au contraire, nous cherchons à travers le passé des enseignements spirituels, en pensant ainsi nous rapprocher davantage de la vraie spiritualité, il y a plus de chance que nous compliquions les choses. Ce qui se présente n'est autre que le "moi personnalisé" qui cherche une fois de plus à se sauvegarder dans le temps. Des préoccupations matérielles à celles spirituelles, c'est toujours le "moi personnalisé" qui cherche à se consolider une continuité et un avenir dans le temps et l'espace. De même, ce qui cherche à survivre à travers d'autres vies, d'autres corps et qui se préoccupe aussi des autres vies antérieures et des autres corps, est aussi notre "moi personnalisé".

Ce n'est ni hier, ni demain où se trouve la solution à notre esclavage. La solution ou la voie de notre Salut se situe à nul autre endroit qu'en soi-même, dans l'éternité du présent. La question donc, est de vivre au présent jusqu'à ce qu'il ne reste plus que cette vie immuable au présent.

Si nous pouvons accorder toute notre attention au fonctionnement de notre mental, nous pouvons percevoir comment notre "moi personnalisé" s'en sert pour chercher à se maintenir en vie. Dans la présence à soi, l'inanité d'un tel processus est rapidement perçu et ressentie et finalement se dégage de notre esprit. Alors, ce qui demeure est le silence de l'esprit supérieur sous l'égide de l'Autorité suprême.

Tout enseignement, toute connaissance que nous cherchons si ardemment, se trouvent en cette Autorité suprême, et non seulement cela peut-il nous être dévoilé en un instant, mais nous réalisons aussi qu'il y a quelque chose de plus haut que la connaissance. C'est cette présence intelligente absolue qui n'est autre que soi-même. Cette révélation, accompagnée de la compréhension de l'origine et de la fin, nous est transmise à travers notre esprit supérieur dont les facultés de perception aigu nous deviennent familières.

Plus nous nous éveillons dans le silence de notre esprit, plus, effectivement, nous nous élevons en degré d'intelligence, comme à travers des corps et des plans de conscience de plus en plus subtils et élaborés, jusqu'à ce que nous ne fassions plus qu'Un avec le Principe d'intelligence suprême.

Lorsque, précisément, nous nous retrouvons parfaitement alignés à travers nos différents corps, partant des plans inférieurs aux plans supérieurs, nous retrouvons, simultanément, la présence de l'Autorité absolue. Alors pour trouver cet équilibre en soi-même, nous devons trouver, en premier lieu, l'autorité du grand Tout. Cela n'est pas aussi compliqué que nous le pensons. Encore une fois, il faut porter attention à la façon que nous pensons. L'idée de complication ou de facilité n'appartient qu'au "moi personnalisé"; lequel n'a d'autre intérêt que d'éviter de voir sa destruction.

Pour trouver un équilibre parfait, il faut pouvoir entrer dans le silence de notre esprit et écouter attentivement la voie intérieure. Si nous sommes à notre place, en ce moment, à l'écoute de Cela qui est, alors l'éternité nous enveloppe et la vie ne demeure plus un mystère. C'est tout ce qui nous est réellement demandé. Nous pouvons tout quitter, oublier le passé, cesser de chercher à droite et à gauche, ou suivre quelque enseignement que ce soit, accumuler des connaissances ou cesser de pratiquer quoi que ce soit. Tout cela est du vieux. Tout cela c'est la mort et on ne fait pas revivre ce qui est mort.

Toute chose a sa place en son temps, cela n'est pas à nier. Touts enseignements provenaient d'esprits inspirés, dans l'actualité, par le Très Haut. Ce qui resta n'étaient que des mots, des élaborations conceptuelles; lesquelles peuvent aider et diriger dans plusieurs cas, mais il n'y aura pas complète satisfaction en cela puisque, tôt ou tard, nous devons retourner à soi-même. L'esprit doit puiser son inspiration à la source de toute chose, dans ce Dieu omniprésent qui a sa demeure en soi-même, dans le cœur de notre être. Dieu n'est pas ailleurs qu'en soi-même; sinon Il ne serait pas Dieu.

Pourtant, la douleur que nous ressentons, ce manque que nous cherchons éperdument à combler, vient de l'appel du Très Haut qui attend que nous nous tournions vers Lui; c'est-à-dire que nous nous tournions vers l'intérieur et que nous trouvions en soi-même la force de tout confronter et transcender. Ce n'est pas la force qui manque, c'est la confiance en soi-même qui fait défaut. La force, elle, est infinie, car seule est réelle la puissance du Très Haut à l'intérieur. Seul est véritable l'être qui a été, qui est et qui sera éternellement. Cet être, est aussi notre être qui cherche à se faire entendre à travers nous.

Nos difficultés, nos souffrances, ne sont pas issues essentiellement de l'existence transitoire de notre "moi personnalisé" qui ne peut trouver autre chose que ce qui est transitoire, mais naît de l'appel de notre être profond qui cherche à attirer notre regard, notre attention, afin que s'unisse la création au créateur; la matérialité à la spiritualité. C'est cette place que nous occupons. C'est à travers soi-même que le créateur peut réaliser son œuvre – l'unification du plan matériel avec celui spirituel. Autant ce dessein cherche sa concrétisation d'un point de vue universel, autant ce dessein doit être réalisé en soi-même.

Plus nous nous élevons dans les cimes de notre être à travers le Tout-puissant, plus nous permettons à notre corps de s'illuminer dans la présence de cet éveil. S'ouvrir au Très Haut, n'implique pas seulement une montée partant d'une existence inférieure à une autre supérieure, mais englobe aussi et surtout une descente de cette même intensité de vibration dans le plan inférieur, l'irradiant, le faisant vibrer avec la même intensité de vibration que ce qui existe dans les hauteurs. C'est cela qui est significatif et qui représente l'accomplissement du dessein du Créateur. Toutes occasions nous sont actuellement données pour réaliser cette présence supérieure en soi-même et faire descendre cette intensité lumineuse dans les plans inférieurs. Nous pouvons réaliser la vie dans ce jardin d'éden à nouveau et y vivre pour l'éternité.

La vie éternelle se trouve dans le Saint sanctuaire de notre esprit silencieux. Si nous pouvions prendre la peine de nous regarder profondément, sans l'intervention de notre mental ou de nos émotions, alors l'esprit pourrait s'épanouir en cette lumière du Très Haut qui est, qui a été et qui sera toujours. Ce n'est que notre "moi personnalisé" qui en amenuise l'intensité en rapportant tout à lui-même. Cela, il faut l'observer ardemment, car c'est dans la nature du "moi personnalisé" de tout ramener dans le cadre de son propre profit et élargissement.

Il fallut que l'univers soit ainsi constitué à travers l'existence d'une force involutive et d'une autre évolutive. La plénitude de l'esprit se trouve dans la transcendance de ces deux principes causals. Et lorsque, en toute connaissance, notre esprit réalise cette Totalité qui est en lui-même, alors pour lui, monter ou descendre ne l'entrave plus, mais au contraire, il y trouve une joie encore plus grande. Car c'est de cette façon que l'univers s'étend aussi à l'infini et que la création soit bénie.

La force évolutive et involutive existent à raison de l'inconscience de la matière, ainsi que de l'esprit encore non-éveillé. Dans le passé, la spiritualité comportait le rejet de la matière pour une élévation de l'esprit vers le Tout-puissant. Cela allait de soi, car le cycle évolutif dans lequel l'esprit existait, l'enfermait dans l'inconscience. Il fallut que la matière s'élève en intelligence et reçoive l'esprit, afin que celui-ci trouve l'occasion de se rapprocher davantage de la lumière à travers les provocations et exigences de la matière. L'esprit essaya de fuir la matière pour se rapprocher du Très Haut, car il ne trouvait pas en lui-même assez de force et assez de foi pour transcender la matière et ainsi faire descendre le pouvoir du Très Haut dans la matière. Mais aujourd'hui, cela est du passé. L'heure a sonné où l'esprit peut, sans aucun doute, parfaire le cycle dans lequel la création le situe selon le dessein du créateur. Ce cycle s'achève ou approche le temps de son accomplissement et c'est aussi à travers l'éveil de l'esprit que cela s'effectue.

Le temps est venu de réaliser notre nature Divine et d'exprimer son pouvoir incommensurable dans notre vie sur un plan autant matériel que spirituel. Désormais, le plan matériel s'affine et au lieu d'exprimer une nature grossière, instinctive ou inconsciente, se transforme en outil intelligent dont se sert l'esprit éveillé. Alors, toutes moindres manifestations de soi-même deviennent des occasions de confirmer l'existence du Très Haut à l'intérieur de la Création en tant que tout; de la matérialité à la spiritualité et de la spiritualité à la matérialité.

L'inconscience est aussi la manifestation d'un événement ayant pour but l'éveil d'une autre conscience plus éveillée. Le principe intelligent est derrière la raison de toute manifestation. Nous partons de la diversité pour retrouver l'union et c'est cela qui nous plonge davantage dans l'immensité des cycles évolutifs et involutifs sous d'innombrables niveaux de conscience à l'infini.

Le Très Haut chérit nos cœurs et fait retentir son verbe à travers tout l'univers, en nous conférant la responsabilité de nos propres créations. Seul le Principe suprême d'intelligence existe.

Chapitre XXXIV

Toute personne, au fond de leur cœur, ou dans la profondeur de leur esprit, entrevoit la possibilité de vivre dans un monde entièrement unifié où règne la paix et l'amour le plus pur. Qui que nous soyons, nous avons l'intuition de cette dimension infinie, cet ordre immuable, ce paradis éternel. Ce que nous cherchons réside déjà à l'intérieur de nous, dans le cœur du "moi personnalisé". En ce cœur existe l'harmonie universelle – Cela qui est l'Impersonnel. Alors ce qui donne vie à ce "moi personnalisé" n'est autre que l'Impersonnel. Mais l'Impersonnel demeure caché tant et aussi longtemps que nous nous identifions au mental.

Bien que nous puissions en avoir une vision quelque peu ombragée, nous ressentons quand même l'Impersonnel qui est là, derrière le voile de nos préoccupations mondaines et égotiques, derrière nos peines et misère; derrière nos joies et plaisirs éphémères. Pourtant, nous pressentons qu'à l'arrière de toutes apparences, il y a pourtant l'Impersonnel qui nous enseigne et nous soutient dans nos tribulations sur la Terre. L'Impersonnel nous suit partout où l'on va, quoi que nous fassions ou pensions. C'est pourtant l'Impersonnel qui, derrière l'idée que l'on se fait de soi-même, pense à travers nous et vit à travers nous. C'est même de l'Impersonnel que l'illusion du monde entre en existence, tout comme la lumière.

Si nous sommes dans l'illusion et accablés de tourments de toutes sortes, c'est afin de nous recueillir, de nous mettre à nu, seuls face à nous-mêmes, et de reconnaître, indubitablement, que la seule réalité, est celle de l'Impersonnel. Et si, par bonheur, nous nous retrouvons dans la lumière de l'Impersonnel, c'est pour que, subséquemment, nous l'incarnions sur cette Terre.

Si nous pouvions apaiser notre esprit et nous écouter attentivement, en tout état de silence, nous serions sensibles à la présence de l'Impersonnel, non seulement à travers toutes personnes et en toutes choses, mais aussi en notre propre esprit. Et lorsque, effectivement, nous avons l'esprit aussi présent, aussi sensible et ouvert, nous reconnaissons l'Impersonnel comme étant nul autre que soi-même. Il suffirait que nous ayons une simple aperception, une simple relation avec l'Impersonnel, pour que la totalité de notre existence subisse un changement total. C'est cela qui, véritablement, apporte un changement dans notre vie et cela, à tous les niveaux. C'est à ce moment que l'activité même de notre esprit, ou des activités de notre vie quotidienne, prennent une nouvelle dimension; puisque du point de vue de l'Impersonnel, le personnel n'est autre que l'Impersonnel. En fait, ce qui change, est qu'au lieu d'avoir une simple perspective mentale, délimitée par le "moi personnalisé", bien au-delà, notre perspective devient globale, de la nature même de l'Impersonnel, lequel n'est autre que la vie comme elle est vraiment et comme totalité absolument intelligente.

Même si nous continuons à faire les mêmes choses, à exercer le même métier ou à demeurer en relation avec les mêmes personnes, cela n'a pas d'importance en soi. Lorsque nous entrevoyons la présence de l'Impersonnel, la totalité du monde se transforme en un univers réel où seule s'exerce la volonté du Tout-puissant. Notre esprit se centre alors sur ce qui se passe d'un moment à l'autre et entrevoit l'immanence seule de l'Impersonnel que maintenant nous servons dans notre dévotion.

La vie devient complète, assurément, en épousant l'Impersonnel. En Lui, l'origine et la fin se confondent et nous trouvons la réponse à toute question possible. C'est toujours par Lui que notre esprit doit être attiré, puisque c'est Lui qui incarne l'intelligence absolue; laquelle apporte la vie et la lumière à la création entière – de l'invisible au visible, du règne de l'esprit à l'infinie création des univers.

Que nous cherchions à réaliser un but matériel ou spirituel, cela ne fait pas de différence. C'est toujours l'Impersonnel qui se tient immobile et inébranlable au centre de la vie. Si, au contraire, notre esprit se préoccupe davantage de ses propres intérêts personnels, qu'il s'agisse encore une fois d'intérêts matériels ou spirituels, nous courrons après l'illusion et la déception. Cependant, parfois, il faut que nous allions au bout de ces activités égotiques pour que nous réalisions profondément l'inanité de nos empressements et ignorance à l'égard de la réalité fondamentale de toute existence.

Quel que soit le chemin présenté à nous, de quelque façon que ce soit, ne concerne en rien l'Impersonnel, ni n'altère son dessein suprême. Tout ce qui importe est que nous soyons sincères dans notre recherche et que nous nous tenions à notre place. Être ignorant et l'admettre est déjà un signe d'intelligence et de cette façon nous nous approchons davantage de l'Impersonnel. Par ailleurs, si nous cherchons à exceller sur un plan purement spirituel, en dénigrant notre vie matérielle, nous nous en éloignons davantage. D'autant plus que si nous faisons fit de nos tendances égotiques, sous le masque d'une quête spirituelle, ou d'une croyance, nous nous illusionnons d'autant plus !

Toute quête personnelle, tout effort personnel désigné à éviter de faire face à nos lacunes intérieures, nous écarte de l'authenticité d'une telle recherche. Réaliser le plus grand but spirituel ne nécessite pas essentiellement que nous atteignions la plus haute cime, ou que nous ayons parcouru tous les chemins, acquis toutes connaissances. Tout cela appartient à la conscience temporelle, à l'esprit non conscient de l'Impersonnel inhérent au sens d'être véritable.

Pour se rapprocher de l'Impersonnel, il faut se tenir loin des modalités et moralités humaines, de même que loin de toutes ces expériences et connaissances que l'on croit importantes et indispensables. Tout ce qui est du connu, n'est que productions mentales dont se sert le "moi personnel" pour se préserver dans l'imaginaire collectif.

Pour trouver l'Impersonnel, il faut mettre de côté tout ce qui est du temps comme base de notre observation sur le monde. Il faut s'écarter de toute autorité que ce soit, de tout enseignement, de toute connaissance pour réellement se trouver en présence de l'Impersonnel. Il faut se présenter avec un bol vide. Alors seulement peut-on être rempli par le sacré – l'Impersonnel!

C'est dans la plus grande négation que se trouve le réel, le vrai. Ne rien prendre pour acquis, questionner et oublier le passé, sont de grandes vertus qui nous aident à réaliser la présence de l'Impersonnel. En fait, c'est dans une vie des plus simples que l'Impersonnel se trouve assurément. Par ailleurs, l'esprit ne peut se préoccuper de le trouver en quelque lieu que ce soit ou à quelque moment donné que ce soit. Même ce que nous appelons une vie simple, avec sa négation du matérialisme ou du spiritualisme peut aussi être un autre mirage. Il faut bien le comprendre, la vie réellement simple ne se trouve pas dans le rejet du monde matérialiste ou en épousant quelque voie spirituelle que ce soit. Tout mouvement de notre esprit, à gauche ou à droite, en haut ou en bas, sous une forme ou sur une autre, positivement ou négativement, est un piège. Tant que nous nous identifions au mental, nous prenons les objets mentaux pour la réalité.

L'activité du mental ne mène pas à la réalisation de l'Impersonnel; puisque Celui-ci est l'intangible. La raison, sans le cœur, est sans intelligence. La raison est une activité tangible, qui ne concerne que les objets de perception à l'intérieur d'un champ temporel et relatif. C'est une énergie matérielle. Toute énergie fonctionnant dans le cadre d'une forme est matière. La pensée n'est pas l'intelligence.

Pour réaliser l'Impersonnel, il faut transcender la matière et nous élever encore plus haut que la spiritualité, vers l'antimatière. Non pas qu'il faille que nous nous élevions dans ce qui est de plus haut, parce qu'il y aura toujours un plus haut; mais nous élever symboliquement. Nous élever dans le sens où, précisément, notre esprit n'épouse plus aucune forme, ne suit aucun tracé, ne se préoccupe plus d'aucune chose que ce soit, ni ne devient passif en se perdant dans le néant de l'existence. C'est peut-être quelque peu difficile pour nous, car nous tenons tellement à notre identité personnelle, ou à notre vie encadrée, prisonnière de ses difficultés! Mais s'élever en esprit n'est pas une impossibilité. C'est retrouver notre condition réelle et naturelle. Cette condition n'est pas un état, ni un vide.

Il n'est ni difficile, ni impossible de réaliser la seule existence, la seule présence immuable. L'extase se trouve en cette réalité insondable et inexplicable. Tout tâtonnement, toute recherche, toute route doit parvenir à une fin. Non pas une fin issue d'une impasse soulevée par l'esprit lui-même, mais une fin qui se manifeste soudainement dans la vision de la réalité. Tout ce qu'il nous manque est cette seule vision. Tout ce que nous avons à appliquer dans notre vie, est l'expression d'un état d'être impersonnel. Toute autre question s'occupe d'elle-même, ou se pose en son temps.

Il se peut que l'esprit ait à passer au travers certaines étapes progressives, à passer à travers une involution ou évolution dite matérielle ou immatérielle pour parvenir à incarner l'Impersonnel en lui-même. Mais l'esprit n'y est pour rien en tout cela. L'esprit peut sans difficulté s'en remettre à l'Impersonnel et trouver en lui tout pouvoir, toute force et toute volonté. La création entière se soumet à Lui; elle est Lui. Elle est issue de l'Impersonnel et retourne à l'Impersonnel de la même façon. Pour s'éveiller en esprit, il faut s'éveiller à l'Impersonnel. C'est le plus grand éveil qui soit. Il faut accorder moins d'importance aux connaissances de ce monde, que s'ouvrir à celles qui nous sont données du monde invisible. Notre famille est encore plus grande dans cet infiniment vaste monde invisible que dans celui visible où s'imbriquent les attributs du "moi personnalisé".

Ce monde visible n'est aussi qu'un leurre grossier. Cette existence que nous croyons tangible, avec son monde et ses expériences sans fin, n'est qu'un voile obscur, puisque la vie est avant tout, Esprit. Nous plongeons dans le monde des apparences pour apprendre sur notre esprit. Mais le monde en lui-même n'a aucune réalité. Pour nous rapprocher de l'éveil de notre esprit, il faut percevoir cette vérité que le monde n'est qu'une apparence utilisée pour les fins seules de l'Impersonnel. Si nous levons le voile des apparences, nous rencontrons l'esprit et par conséquent, nous nous rencontrons en tant que l'Impersonnel dans le personnel. C'est cela l'éveil de l'esprit. Reconnaître que toute existence n'est en fait qu'une seule existence, est le but retrouvé au-dedans de nous.

Pour trouver l'existence de l'Impersonnel, il faut embrasser la vie impersonnelle. Pour percevoir, comme perçoit l'Impersonnel, il faut regarder de façon impersonnelle. Pourquoi perdre notre temps dans le monde des apparences? Peut-on trouver l'unité dans la multiplicité? Seul le regard impersonnel le peut. Seul l'Impersonnel peut passer à travers toute existence, contenir toute matérialité ainsi que toute spiritualité. Rien n'existe sans Lui. Non seulement l'esprit est-il appelé à passer d'un niveau de compréhension à un autre, d'un niveau de vibration à un autre, partant du plus lourd au plus léger, mais il peut réaliser tout niveau que ce soit, vibrer à quelque niveau de conscience que ce soit. Cela est possible ici même en ce bas monde.

C'est dans la présence de l'Impersonnel que touts univers prennent leur origine et s'étendent, croient puis retournent d'où ils viennent. Pour s'ouvrir au monde il faut cesser de chérir une vie personnelle mais voir que seul l'Impersonnel peut conférer un sens au personnel. Cela ne veut pas dire cesser d'exister en ce monde! Cela signifie entrer dans le monde, percer le monde des apparences et faire corps avec l'Impersonnel. Cesser de se préoccuper au niveau du personnel parce qu'aucun contentement durable ne pourra être trouvé à ce niveau. Le contentement que nous cherchons réside dans l'Impersonnel – cela qui demeure pour toujours; même si les mondes vont et viennent à l'infini en Lui.

Permettre aux choses d'être ce qu'elles sont. Accepter la vie comme elle est, mais transformer notre regard. C'est tout ce dont l'esprit a besoin. Que nous soyons amenés à vivre d'une façon ou d'une autre, cela ne concerne que l'Impersonnel. Réaliser l'Impersonnel, c'est laisser les choses comme elles sont.

Chapitre XXXV

Nous entrons dans une ère très importante où il sera exigé que l'esprit humain réalise, au plus profond de lui-même, qu'il appartient à cette conscience absolue autour de laquelle toute chose tourne et trouve leur signification fondamentale.

Aujourd'hui, dans la vie des êtres humains, nous assistons à des développements extraordinaires de la matière et cela à l'aide du mental. Nous avons, à travers de nombreux siècles, évolué en ce sens. Et non seulement avons-nous trouvé des moyens pour simplifier notre vie sur la Terre, mais nous l'avons surtout compliquée. Non seulement parce que l'évolution matérielle devait aboutir à cela, mais surtout parce que nous n'avons su évoluer à l'intérieur de notre psychique, en relation intime avec l'organisation systématique régnant dans l'univers entier. Cette ignorance, cette annihilation du côté psychique des choses s'est répercutée sur le plan physique; de sorte que notre Terre n'est plus aussi belle et forte qu'elle était. Et si la Terre est aujourd'hui aussi épuisée, c'est que la conscience humaine aussi est fatiguée, suivant un processus de fragmentation et de déperdition. Cette involution pour ainsi dire, est le signe qu'une transformation de la conscience est pour prendre jour. Puisque la conscience humaine n'assume point cette transformation, ce sont les principes de vie universels et éléments matériels qui l'obligeront à se questionner sur son identité véritable et sur le but fondamental de son existence.

La transformation de la conscience qui voit le jour se lever fera de la vie matérielle un cadre dans lequel la vie psychique sera élevée et honorée au premier plan. L'esprit humain a bel et bien déjà trouvé les moyens de mener une vie saine sur la Terre à travers ces dites recherches scientifiques. Il a été prouvé qu'il nous était possible d'évoluer matériellement sans pour autant négliger la vie psychique. Les développements matériels, en eux-mêmes, n'altèrent en rien l'élévation psychique des êtres humains. Ce qui, au contraire, l'en empêche, est cette volonté de vouloir conserver la conscience humaine dans l'ignorance pour fin de ne point ébranler les systèmes en place dont bénéficie un petit nombre. Cette volonté de conserver la conscience dans l'ignorance, est aussi cette volonté qui existe en chacun de nous, individuellement, au niveau égotique. Ce monde égotique dans lequel nous vivons est le reflet de cette volonté d'éviter de s'interroger au niveau individuel, pour trouver qui nous sommes en définitive.

Une partie de nous fait ce qui est en son pouvoir pour ne point regarder en face ce qui vraiment est en train de se passer dans notre conscience. Nous nous illusionnons tellement dans les idées que l'on se fait des choses, que sans ces idées nous serions perdus. Cela explique que nous préférons nous tenir dans l'obscurité plutôt que de vivre dans la lumière. Qu'il soit question d'idées sur la façon de vivre, que ce soit au niveau des relations humaines, il nous semble toujours plus important de penser à nous en premier et l'autre, vient en second. En ce sens nous préférons réagir plutôt qu'agir. Nous choisissons la réaction plutôt que l'action. Dans la réaction nous nous protégeons derrière nos systèmes de défense. Nous voulons que les choses se fassent d'une façon ou d'une autre parce que notre esprit ne connaît pas autre chose. Et sa résistance face à s'ouvrir à autre chose en est la conséquence naturelle.

Lorsque nous réagissons, nous nous maintenons dans l'inconscient, tout en conservant nos limitations; contrairement à l'action où, précisément, nous devenons responsables et allons au-devant de la vie. L'action est création. Non seulement fait-elle en sorte de nous ouvrir à des mondes de plus en plus évolués et lumineux, mais elle participe aussi à l'expression de la conscience universelle, faisant de notre vie l'expression d'un amour inconditionnel qui touche tout être, comme tout univers. C'est en ce sens, dans l'action, que l'esprit apprend à balancer son énergie entre un intérêt matériel et un autre psychique ou spirituel. Cependant, parler de spiritualité tout seul, n'implique pas nécessairement que l'esprit soit bel et bien intègre face à l'acte au présent, par-delà les résistances du "moi personnalisé". En cela l'authenticité et l'honnêteté sont des vertus et l'innocence une force.

Pour s'ouvrir à l'acte au présent, l'esprit doit être hautement attentif et sans mouvement. Pour percevoir clairement ce qui est réellement en train de se passer à l'intérieur de soi comme à l'extérieur de soi, l'esprit ne doit chérir aucune opinion, poursuivre aucune direction, honorer aucun savoir. Il lui faut être aussi libre que l'espace, aussi rapide que la lumière et aussi agissant et désintéressé que l'amour universel. Vivre aussi intensément, implique une grande discipline, un grand retrait par rapport aux pensées et surtout avoir une profonde vénération pour le Haut-idéal. C'est ainsi que la vie s'évertue à joindre et unir, plutôt que de diviser.

La conscience supérieure qui maintenant a entamé sa descente, est une conscience de sagesse, de paix et d'amour. Non pas une conscience qui cherche à annihiler une partie de la vie au profit d'une autre partie qu'elle croit plus noble. Vouloir annihiler la vie matérielle, avec ses développements technologiques est aussi une division. La vie évolue intégralement, sur tous les plans. Il ne faut pas chercher à nier quoi que ce soit. Il faut évoluer intégralement. Lorsque nous sommes pleinement attentifs à la présence de notre moi, au même moment nous lui accordons la place qu'il doit prendre en rapport avec l'union de l'esprit avec le mental et le corps. Là où la Terre est unie au Ciel.

Tant que nous serons sur Terre, il existera le corps ainsi que le "moi personnalisé" comme élément de passage entre les forces du Ciel et de la Terre. Mais lorsque le "moi personnalisé" occupe toute la place, au détriment de la vie en esprit, il y a déséquilibre et l'être humain perd le sens des directions et s'écarte de son but. C'est à ce niveau que se situe le problème existentiel que l'on doit faire face et que l'on ne peut pas contourner. C'est la loi de l'équilibre.

Rien ne fonctionne sans équilibre. La vie dans son sens absolu est équilibre. Plus l'esprit devient conscient, plus il trouve l'équilibre et plus il émane de la compréhension. Nous avons tous observé que nous ne pouvons exceller dans une seule direction. Qu'il s'agisse du bien ou du mal. L'esprit, pour évoluer, doit se tenir au milieu. Ne pas chercher qu'à faire le bien ni sombrer dans le mal.

Lorsque l'esprit ne cherche qu'à se purifier, à faire attention à lui, il devient fondamentaliste et s'illusionne dans un monde d'apparente pureté. Ce qui, de toute évidence, n'est pas mieux que l'esprit qui ne cherche que le mal, qui ne cherche que son propre bien en dénigrant autrui. Il y eu un temps dans l'histoire humaine où l'esprit devait s'efforcer de rester dans la lumière, puisqu'il était trop alourdi par la vie matérielle. Et cela était en quelque sorte justifiable. L'esprit apprenait à s'élever de la matière. Aujourd'hui, nous assistons à un nouveau cycle – la conscience doit rejoindre les deux bouts. Elle ne doit pas chercher à quitter la matière, mais à venir l'incarner dans la lumière. C'est ainsi que la matière sera purifiée au même titre que l'esprit. À ce moment ce sera la transformation du monde. La Terre sera une autre Terre; mais lumineuse, habitée par des esprits lumineux. Quoi qu'il en soit, la parole a retenti parmi les échos innombrables. L'appel de la conscience supérieure se fait entendre dans le tréfonds de notre être.

Ces mots ne sont pas divulgués pour apporter plus de connaissances face aux choses que nous cherchons à savoir. Ils viennent pour nous sensibiliser à notre réelle identité, laquelle a toujours existée et existera éternellement, par-delà le temps et l'espace. Ces mots viennent pour nous faire remémorer qui nous sommes et pourquoi nous sommes ici. La conscience du "Je suis" s'exprime dans le cœur de notre être et permet notre rayonnement dans l'amour universel. Pour venir au monde, il faut y naître dans l'amour et l'ouverture. Ne point poursuivre les extrêmes, s'éloigner des notions dualistes, mais se rappeler d'être présent en âme, esprit et corps, comme parfaite personnification de l'être Suprême. Ce qui nous intéresse est ce que nous sommes en réalité. "Je suis" est la vérité de ce monde.

Chapitre XXXVI

Il est curieux que nous appréhendions toujours la vie de façon fractionnée et rares sont les moments où nous sommes entiers, intensément attentifs, observant la vie en tant que totalité. Il faudrait que notre esprit s'immobilise et repose son attention à partir d'une perspective globale; de façon à trouver une union parfaite avec l'univers entier. En fait, c'est lorsque nous nous retrouvons en tant qu'êtres parfaitement unifiés, que la vie nous révèle tous ses secrets. Il n'y a pas de mystère sinon qu'en s'ouvrant à soi-même. La question se pose en termes d'ouverture à la vie telle qu'elle est, dans toute sa plénitude.

En général, nous abordons la vie à travers notre mental ou nos émotions, ou même en termes de sensations physiques. Cependant, la vie n'est pas restreinte aux dimensions corporelles, émotionnelles et mentales. La vie embrasse toujours la globalité de l'être. Ce qui aussi implique la présence des corps supérieurs nous constituant, dont le corps causal, bouddhique et atmique. Pour l'instant il n'est pas tant important de décrire ces divers corps, puisque ces descriptions ne sont que verbales. Elles peuvent cependant nous aider à repérer là où nous nous trouvons, possiblement, dans cet apparent chemin spirituel complexe, mais cela demeure secondaire. L'intérêt est ici porté sur l'ouverture de notre esprit, simplement, en étant présent pour que ces différents plans d'existence, ou ces différents corps puissent se retrouver parfaitement discernés, mais non séparés, en même temps qu'alignés et intégrés. Alors nous pouvons être libres et en pleine maîtrise de notre vie.

Le plus grand bonheur que nous puissions connaître, se trouve dans l'union des différents corps qui nous composent. Lorsque nous sommes parfaitement centrés, unifiés, toutes les forces de l'univers qui nous traversent, que nous le sachions ou non, reprennent un plus grand élan créateur, de sorte que c'est l'univers en entier qui maintenant en bénéficie. De cette façon, notre intégration totale, psychique et physique est aussi une intégration affectant tous les êtres qui nous entourent. Notre travail s'étend à l'infini, se joignant à l'amour universel. Cela seul nous ouvre à la transcendance matérielle, en ce sens toutes maladies, toutes impuretés peuvent être extirpées, sublimées au profit même d'une plus grande expansion de l'esprit extatique, vainqueur des mondes. C'est l'être de lumière incarné dans un corps glorifié.

Il n'y a rien pouvant nous empêcher de retrouver une pureté originelle d'être, puisque cette pureté est toujours présente, nous entourant, nous faisant vivre, même si nous ne le voyons pas, même si nous nous acharnons à faire tourner les choses qu'autour du "moi personnalisé". Mais lorsque nous portons attention aux manifestations du "moi personnalisé", nous comprenons la place qu'il prend, de façon à aller de l'avant pour habiter et intégrer parfaitement qui nous sommes en vérité.

La vie qui nous traverse de tous côtés, est cette infinité du moment présent. Le temps et l'espace sont de seconde importance parce qu'ils sont conceptuels. Pour trouver notre place dans l'univers, il faut s'y ouvrir. Ce qui importe donc avant tout, est de permettre aux forces infinies de la vie de s'écouler librement à travers notre être entier et cela devient possible et inévitable lorsque nous ouvrons le centre de conscience du crâne, c'est-à-dire lorsque nous ne nous laissons pas régir par l'activité incessante du mental, ou par les émotions et sensations physiques; mais que nous nous ouvrions à l'identité supra-mentale de l'être universel. Non pas que nous négligeons ou nions l'existence même de ces corps, mais dans la présence à soi, nous permettons à l'énergie de s'élever et d'animer des plans supérieurs de notre être, afin que nous soyons en parfait équilibre et aussi intensément vivant que la vie dans tout son amour indifférencié.

Dans la présence à soi, dans l'écoute intensive de tout ce qui est, intérieurement et extérieurement, nous nous ouvrons à cette force immuable, transcendons tout espace-temps et nous nous libérons par le fait même de toute impureté, de toute limitation, de toute souffrance. Ce n'est pas que nous cessions de vivre, bien au contraire, nous devenons conscients de toutes choses, comme tout devient une partie, une réflexion de la lumière et maintenant incarnée à travers touts nos corps sur le plan matériel et spirituel.

La vie demeure infinie dans ses manifestations. Dans la réalisation de l'esprit, rien ne prend fin, mais tout renaît, se transforme et s'élève. Même si nous habitons sur la Terre, dans un corps de chair, en soi, cela n'est pas une limitation. Souvent nous croyons que la maladie, par exemple, est une manifestation inhérente à l'existence du plan physique et que, d'une manière ou d'une autre, nous y sommes assujettis. Il nous est difficile de comprendre que nous pouvons vivre au beau milieu de la corruption sans en être affectée d'une façon ou d'une autre. Cela est compréhensible et constitue, à un certain niveau, un fait indéniable. Cependant, cela n'est qu'une autre des réalités relatives dans lesquelles nous nous trouvons, ou que nous créons nous-mêmes. En soi, la vie demeure ce qu'elle est, infinie où rien n'est impossible.

La corruption qui sévit dans le monde n'est qu'une apparence, l'expression de l'impureté de l'esprit. Tout comme dans une eau polluée, ce ne sont que des matières qui ne sont pas à leur place qui font qu'une eau soit, effectivement, polluée. Mais l'eau, comme telle, demeure ce qu'elle est, pure. Même si la corruption existe sur un plan relatif, la vie, elle, dans sa dimension infinie, n'est en rien altérée. C'est cette source immuable que nous devons retrouver en nous-mêmes. En fait, ce n'est pas que nous devons nous efforcer de la trouver, mais c'est lorsque nous laissons passer les impuretés de notre esprit, c'est-à-dire les pensées et les émotions égotiques, que nous retrouvons naturellement notre réelle identité dans cette source pure, dans cette force inébranlable et inépuisable.

Il est moins important d'essayer d'être pur que de se contenir et d'ouvrir notre esprit à la vie infinie. Il est même plus facile de se calmer, d'arrêter de se préoccuper d'une chose ou d'une autre et d'observer paisiblement le cours des choses. À partir de là, l'esprit devient hautement sensible et concentré, et c'est la même chose avec les divers corps nous composant. Et lorsque nous sommes ainsi centrés, rien du dehors ne peut plus nous affecter. Au contraire, c'est lorsque nous ne sommes pas centrés, que l'énergie vitale ne circule plus doucement et harmonieusement; que nous nous cristallisons, identifiés à une forme tangible. Aussi longtemps que nous serons identifiés à une forme tangible, nous serons vulnérables aux conditions extérieures, matérielles, physiques et psychiques. Lorsque nous sommes centrés, la vie est une plénitude. En elle il n'y a point de place pour autre chose. La plénitude est la vitalité, la vie.

Le semblant aspect dualiste de la matière, n'est qu'un concept, une abstraction psychique, une superposition mentale. La dualité n'existe pas. Elle existe dans la conscience qui se méconnaît encore. C'est l'esprit vulnérable aux plans inférieurs. Mais cela non plus n'est pas un mal. Car ce sont ces tendances inférieures qui, indirectement, forcent l'esprit à s'élever aux plans supérieurs. Parallèlement, c'est lorsque nous sommes dans les hauteurs, que nous comprenons que l'existence des plans inférieurs a sa place et qu'elle n'est pas synonyme d'impureté ou de dualité. Cette description de l'existence des plans inférieurs comme celle des plans supérieurs n'est, encore une fois, qu'une conceptualisation aidant l'esprit terrestre, encore très émotionnel et mental au niveau égotique, à trouver un sens des directions; comme un chemin mappé. Cela a sa place en tant que tel. Mais lorsque nous nous éveillons en tant que présence indépendante, détachée et inaltérable, nous permettons à la vie de révéler sa splendeur dans son infinité et pureté immaculée.

Cette transmutation, cet élan cosmique et infini, prend place dans l'affirmation "Je suis".

Être ce que l'on est, comme on est dans le présent. Ne point tant se préoccuper de la manifestation à quelque niveau que ce soit; physique, émotionnel ou mental et même supérieur. Dans la présence à soi, une simple sensation physique émane autant de la pureté originelle, que l'élévation de l'esprit sur le plan le plus haut. Toute manifestation devient secondaire. C'est pourquoi, lorsque nous nous retrouvons dans des difficultés, il ne faut pas trop s'en faire. Et lorsque nous réussissons à ne plus tant nous en faire, ces mêmes difficultés ne sont plus des obstacles, des sources de souffrance et se transforment en objets de méditation. Nous retrouvons le supérieur dans l'inférieur. Telle est la qualité du plan supérieur en fait!

Il n'y a rien qui soit contraire au bien absolu. Que l'esprit s'apaise, que nous prenions le temps de bien respirer, de relaxer et de vivre "ici et maintenant", et nous verrons bien que la vie est très bien comme elle est, comme elle a toujours été et comme elle sera toujours. Il n'y a que l'Incommensurable!

www.ingramcontent.com/pod-product-compliance
Lightning Source LLC
Chambersburg PA
CBHW051126160426
43195CB00014B/2364